中国重要农业文化遗产系列读本

闵庆文　周　峰　◎丛书主编

福建 FUJIAN 尤溪联合梯田

YOUXI LIANHE TITIAN

张永勋　闵庆文　王维奇　主编

中国农业出版社
农村设备出版社
北　京

图书在版编目（CIP）数据

福建尤溪联合梯田／张永勋，闵庆文，王维奇主编.
—北京：中国农业出版社，2020.6
（中国重要农业文化遗产系列读本／闵庆文，周峰
主编）
ISBN 978-7-109-26619-3

Ⅰ．①福…　Ⅱ．①张…　②闵…　③王…　Ⅲ．①梯田－研究－尤溪县　Ⅳ．①K295.74　②S157.3

中国版本图书馆 CIP 数据核字（2020）第 032202 号

福建尤溪联合梯田

中国农业出版社出版
地址：北京市朝阳区麦子店街 18 号楼
邮编：100125
责任编辑：张　丽
责任校对：吴丽婷
印刷：中农印务有限公司
版次：2020 年 6 月第 1 版
印次：2020 年 6 月第 1 次印刷
发行：新华书店北京发行所发行
开本：710mm × 1000mm　1／16
印张：12
字数：260 千字
定价：59.00 元

编写委员会

丛书主编：闵庆文　周　峰

主　　编：张永勋　闵庆文　王维奇

副 主 编：林瑞余　孙业红　杨丽韫

参编人员（按姓氏笔画排列）：

史媛媛　何璐璐　邹芳芳　胡伟芳　胡敏杰

袁　正　徐　萍　高灯洲　章文龙　焦雯珺

丛书策划：苑　荣　张丽四

序言一

我国是历史悠久的文明古国，也是幅员辽阔的农业大国。长期以来，我国劳动人民在农业实践中积累了认识自然、改造自然的丰富经验，并形成了自己的农业文化。农业文化是中华五千年文明发展的物质基础和文化基础，是中华优秀传统文化的重要组成部分，是构建中华民族精神家园、凝聚中华儿女团结奋进的重要文化源泉。

党的十八大提出，要“建设优秀传统文化传承体系，弘扬中华优秀传统文化”。习近平总书记强调，“中华优秀传统文化已经成为中华民族的基因，植根在中国人内心，潜移默化地影响着中国人的思想方式和行为方式。今天，我们提倡和弘扬社会主义核心价值观，必须从中汲取丰富营养，否则就不会有生命力和影响力”。云南哈尼族稻作梯田、江苏兴化垛田、浙江青田稻鱼共生系统，无不折射出古代劳动人民吃苦耐劳的精神，这是中华民族的智慧结晶，是我们应当珍视和发扬光大的文化瑰宝。现在，我们提倡生态农业、低碳农业、循环农业，都可以从农业文化遗产中吸收营养，也需要从经历了几千年自然与社会考验的传统农业中汲取经验。实践证明，做好重要农业文化遗产的发掘保护和传承利用，对于促进农业可持续发展、带动遗产地农民就业增收、传承农耕文明，都具有十分重要的作用。

中国政府高度重视重要农业文化遗产保护，是最早响应并积极支持联合国粮农组织全球重要农业文化遗产保护的国家之一。经过十几年工作实践，我国已经初步形成“政府主导、多方参与、分级管理、利益共享”的农业文化遗产保护管理机制，有力地促进了农业文化遗产的挖掘和保护。2005年以来，已有15个遗产地列入“全球重要农业文化遗产名录”，数量名列世界各国之首。中国是第一个开展国家级农业文化遗产认定的国家，是第一个制定农业文化遗产保护管理办法的国家，也是第一个开展全国性农业文化遗产普查的国家。2012年以来，农业部[①]分三批发布了62项“中国重要农业文化遗产”[②]，2016年发布了28项全球重要农业文化遗产预备名单[③]。2015年颁布了《重要农业文化遗产管理办法》，2016年初步普查确定了具有潜在保护价值的传统农业生产系统408项。同时，中国对联合国粮农组织全球重要农业文化遗产保护项目给予积极支持，利用南南合作信托基金连续举办国际培训班，通过APEC（亚洲太平洋经济合作组织）、G20（20国集团）等平台及其他双边和多边国际合作，积极推动国际农业文化遗产保护，对世界农业文化遗产保护做出了

① 农业部于2018年4月8日更名为农业农村部。
② 截至2020年4月，农业农村部已发布五批118项“中国重要农业文化遗产”。
③ 2019年发布了第二批36项全球重要农业文化遗产预备名单。

重要贡献。

当前，我国正处在全面建成小康社会的决定性阶段，正在为实现中华民族伟大复兴的中国梦而努力奋斗。推进农业供给侧结构性改革，加快农业现代化建设，实现农村全面小康，既要借鉴世界先进生产技术和经验，更要继承我国璀璨的农耕文明，弘扬优秀农业文化，学习前人智慧，汲取历史营养，坚持走中国特色农业现代化道路。“中国重要农业文化遗产系列读本”从历史、科学和现实三个维度，对中国农业文化遗产的产生、发展、演变以及农业文化遗产保护的成功经验和做法进行了系统梳理和总结，是对农业文化遗产保护宣传推介的有益尝试，也是我国农业文化遗产保护工作的重要成果。

我相信，这套丛书的出版一定会对今天的农业实践提供指导和借鉴，必将进一步提高全社会保护农业文化遗产的意识，对传承好弘扬好中华优秀文化发挥重要作用！

农业部部长 韩长赋

2017年6月

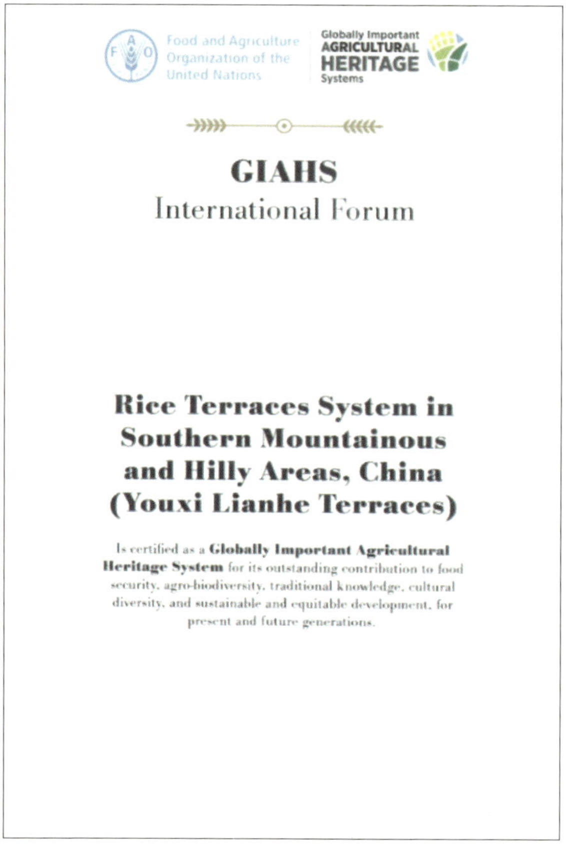

Food and Agriculture Organization of the United Nations

Globally Important AGRICULTURAL HERITAGE Systems

GIAHS

International Forum

Rice Terraces System in Southern Mountainous and Hilly Areas, China (Youxi Lianhe Terraces)

Is certified as a **Globally Important Agricultural Heritage System** for its outstanding contribution to food security, agro-biodiversity, traditional knowledge, cultural diversity, and sustainable and equitable development, for present and future generations.

序言一

福建尤溪联合梯田

自有人类历史文明以来，勤劳的中国人民运用自己的聪明智慧，与自然共融共存，依山而住、傍水而居，经过一代代努力和积累，创造出了悠久而灿烂的中华农耕文明，成为中华传统文化的重要基础和组成部分，并曾引领世界农业文明数千年，其中所蕴含的丰富的生态哲学思想和生态农业理念，至今对于世界农业可持续发展依然具有重要的指导意义和参考价值。

针对工业化农业所造成的农业生物多样性丧失、农业生态系统功能退化、农业生态环境质量下降、农业可持续发展能力减弱、农业文化传承受阻等问题，联合国粮农组织（FAO）在全球环境基金（GEF）等国际组织和有关国家政府的支持下，发起了“全球重要农业文化遗产（GIAHS）”倡议，以发掘、保护、利用、传承世界范围内具有重要意义的，包括农业物种资源与生物多样性、传统知识和技术、农业生态与文化景观、农业可持续发展模式等在内的传统农业系统。

全球重要农业文化遗产的概念和理念甫一提出，就得到了国际社会的广泛响应和支持。截至2014年年底，已有13个国家的31项传统农业系统被列入GIAHS保护名录①。经过努力，在2015年6月结束的联合国粮农组织大会上，已明确将GIAHS工作作为一项重要工作，纳入常规预算支持。

中国是最早响应并积极支持该项工作的国家之一，并在全球重要农业文化遗产申报与保护、中国重要农业文化遗产发掘与保护、推进重要农业文化遗产领域的国际合作、促进遗产地居民和全社会农业文化遗产保护意识的提高、促进遗产地经济社会可持续发展和传统文化传承、人才培养与能力建设、农业文化遗产价值评估和动态保护机制与途径探索等方面取得了令世人瞩目的成绩，成为全球农业文化遗产保护的榜样，成为理论和实践高度融合的新的学科生长点、农业国际合作的特色工作、美丽乡村建设和农村生态文明建设的重要抓手。自2005年"浙江青田稻鱼共生系统"被列为首批"全球重要农业文化遗产系统"以来的10年间，我国已拥有11个全球重要农业文化遗产，居于世界各国之首②；2012年开展中国重要农业文化遗产发掘与保护，2013年和2014年共有39个项目得到认定③，成为最早开展国家级农业文化遗产发掘与保护的国家；重要农业文化遗产管理的体制与机制趋于完善，并初步建立了"保护优先、合理利用，整体保护、协调发展，动态保护、功能拓展，多方参与、惠益共享"的保护方针和"政府主导、分级管理、多方参与"的管

① 截至2020年4月，已有22个国家的59项传统农业系统被列入GIAHS保护名录。

② 截至2020年4月，我国已有15项全球重要农业文化遗产，数量居于世界各国之首。

③ 2013年、2014年、2015年、2017年、2020年共有五批118项中国重要农业文化遗产得到了认定。

理机制；从历史文化、系统功能、动态保护、发展战略等方面开展了多学科综合研究，初步形成了一支包括农业历史、农业生态、农业经济、农业政策、农业旅游、乡村发展、农业民俗以及民族学与人类学等领域专家在内的研究队伍；通过技术指导、示范带动等多种途径，有效保护了遗产地农业生物多样性与传统文化，促进了农业与农村的可持续发展，提高了农户的文化自觉性和自豪感，改善了农村生态环境，带动了休闲农业与乡村旅游的发展，提高了农民收入与农村经济发展水平，产生了良好的生态效益、社会效益和经济效益。

习近平总书记指出，农耕文化是我国农业的宝贵财富，是中华文化的重要组成部分，不仅不能丢，而且要不断发扬光大。农村是我国传统文明的发源地，乡土文化的根不能断，农村不能成为荒芜的农村、留守的农村、记忆中的故园。这是对我国农业文化遗产重要性的高度概括，也为我国农业文化遗产的保护与发展指明了方向。

尽管中国在农业文化遗产保护与发展上已处于世界领先地位，但比较而言仍然属于“新生事物”，仍有很多人对农业文化遗产的价值和保护重要性缺乏认识，加强科普宣传仍然有很长的路要走。在农业部农产品加工局（乡镇企业局）的支持下[①]，中国农业出版社组织、闵庆文研究员及周峰担任本辑丛书主编的这套“中国重要农业文化遗产系列读本”，无疑是农业文化遗产保护宣传方面的一个有益尝试。每本书均由参与遗产申报的科研人员和地方管理人员共同完成，力图以朴实的语言、图文并茂的形式，全面介绍各农业文化遗产的系统特征与价值、传统知识与技术、生态文化与景观以及保护与发展等内容，并附以地方旅游景点、特色饮食、天气条件。可以

① 中国重要农业文化遗产工作现由农业农村部农村社会促进司管理。

说，这套书既是读者了解我国农业文化遗产宝贵财富的参考书，同时又是一套农业文化遗产地旅游的导游书。

我十分乐意向大家推荐这套丛书，也期望通过这套书的出版发行，使更多的人关注和参与到农业文化遗产的保护工作中来，为我国农业文化的传承与弘扬、农业的可持续发展、美丽乡村的建设做出贡献。

是为序。

中国工程院院士
联合国粮农组织全球重要农业文化遗产指导委员会主席
农业部全球/中国重要农业文化遗产专家委员会主任委员
中国农学会农业文化遗产分会第一届主任委员
中国科学院地理科学与资源研究所自然与文化遗产研究中心主任
2015年6月30日

前言

福建尤溪联合梯田

尤溪联合梯田位于福建省三明市尤溪县，享有“福建省最美梯田”的称号。尤溪联合梯田形成史是一部中原人口向八闽地区的迁移史，其面积扩大与中国战争导致的人口迁移息息相关。据史料记载，西晋“永嘉之乱（307—313年）”后，中原战争不断，许多士大夫携家避难入福建，尤溪属于重要的迁徙目的地之一，他们在此开荒筑田，形成梯田最初的雏形，距今已有1 700余年历史。有人在此定居的明确历史记载可以追溯到唐代，至今1 300余年。尤溪人的先辈们在此开山劈石，修筑梯田于山坡上，经过数代的努力最终创造了自山顶至山谷分别为水源林—竹林—村庄—梯田—河流的立体循环农业生态系统，目前总面积达3 425.3平方千米。联合梯田为当地人提供了多样的食物，如水稻、小麦等粮食作物；花生、油菜等油料作物；泥鳅、鲤鱼等鱼类；鸭、鸡、猪等家禽肉类；竹笋、菌类等原生态食材。梯田生物资源十分丰富，农业生产活动和植物的季相变化使联合梯田春夏秋冬呈现出截然不同的景观，形成了与联合梯田农业生产生活相适应的文化，独具特色。联合梯田是尤溪人祖辈留下的文化遗产，具有重要的历史价值和文化内涵。福建尤溪联合梯田于2013年被认定为首批“中国重要农业文化遗产保护项目”，是中国具有代表性的南方稻作梯田系统。尤溪梯田作为中国南方稻作梯田系统（包括湖南新化紫鹊界梯田、江西崇义客家梯田、广西龙胜龙脊梯田、福建尤溪联合梯田）之一，2018年4月被联合国粮农组织认定为“全球重要农业文化遗产”。

本书是中国农业出版社策划出版的“中国重要农业文化遗产系列读本”之一，旨在科普与宣传福建尤溪联合梯田这一重要的农业文化遗产，提高全社会对农业文化遗产及其价值的认识和保护意识。全书共包括以下几个部分：“引言”简要介绍了联合梯田的历史演变以及其作为一项全球重要农业文化遗产的历史与现实意义；“梯田之美与慧”介绍了联合梯田的自然条件、农业系统特征与开凿技术、梯田景观特色及其农业智慧；“梯田之丰与和”介绍了联合梯田的生物多样性和生态系统服务功能；“梯田之产与业”介绍了联合梯田的生计资源与一二三产业发展情况；“梯田之情与韵”介绍了联合梯田的民居、地域风情与朱子理学文化；“梯田之技与艺”介绍了联合梯田的农具、农耕技术、民间艺术；“梯田之结与解”介绍了当前联合梯田保护所面临的困境、解决方法以及未来发展的道路；“附录”部分提供了联合梯田遗产地的旅游咨询、遗产保护大事记、全球/中国重要农业文化遗产名录。

本书是在联合梯田遗产申报文本和保护与发展规划的基础上，通过进一步调研编写完成的，是集体努力的成果。全书由张永勋、闵庆文、王维奇设计框架并统稿。编写过程中得到了中国科学院李文华院士的具体指导以及尤溪县有关部门和领导、联合镇政府有关领导的大力支持，在此一并表示感谢。

由于编者水平有限，不当之处难免存在，敬请读者批评指正。

编者

2019年11月

目录

福建尤溪联合梯田

引言

尤溪联合梯田历史演变

尤溪地处我国东南地区，气候宜人，很早就有人类生产和生活的足迹。1958年，考古学家在尤溪县境内发现了梅仙遗址、新桥遗址和西洋遗址3处新石器时代的人类居住遗址，并发现锛、斧、刀和纹石等石器以及印纹硬陶和夹砂陶等陶片，这意味着在新石器时代尤溪境内已有人类定居。随着考古工作的进一步深入，尤溪县境内至今共发现从新石器时代至青铜器时代人类定居及生产活动遗址80多处，其中在位于尤溪联合梯田核心区的联南村，出土了下蔡寨商周文化遗址。这些证据说明早在新石器时代，尤溪联合梯田就已有了原始农业，不过这一时期人口稀少，其农业还处于原始农业阶段，以采集和狩猎为主要形式，还不可能出现梯田。

自战国至唐朝时期，尤溪地区外来流入人口不断增加，带来了先进的农业生产技术，促进了当地农业的发展。但由于战乱不断，尤溪农业发展速度比较缓慢，尤溪尚不能形成梯田开发的社会基础。据《史记》记载的“盖自楚威王灭越，而越以此散”判断，越国人因战事一部分流散到福建，与当地原始居民融合，人们因此称福建人为“闽越人”，此为史书中第一次记载移民入闽。南北朝时期的“侯景之乱”，江浙一带人为躲避战祸，纷纷向安定富庶的福建迁徙。这一时期，因迁入福建的人口大量增加，并且带来了中原和江浙地方先进的农业技术，福建农业得到了较快的发展。

顾炎武在《日知录》中评述，隋朝之富为历代所无，而老百姓却生活于水深火热之中，因此，隋代的农民起义四起，中原战乱频发，一部分人为躲战乱而向闽越地方逃迁。由此可以推断，唐代以前，福建的农业尚不发达，尽管这一时期已有一些中原汉人迁入福建，但该地区仍属蛮夷之地。

据《尤溪县志》记载：“唐以前民率岩居谷汲，怙险蠕选。”可见唐朝以前尤溪县人主要居住在山中的河流或溪水边。从这一时期的历史原因和人口变化可以推断，尤溪应是重要的迁移目的地之一，人口应该有大幅上升。但是因当时历史背景下，总人口很稀少，可以断定那时耕地主要分布于易耕种的河谷平原地带，可能已有坡度比较缓的梯田，农业总体上应仍属粗放经营阶段。

自唐朝“安史之乱”开始，北方形势大变，战争连绵不断。五代十国时，中原之乱达到顶峰，许多家族从中原长途跋涉迁到福建以躲避战乱，并在此长期定居。尤其到晚唐，有不少家族整族南迁入闽，如光州、寿州二州之民在刺史的率领下南迁入闽。移民使福建人口骤增，逐步接近发达地区的水平。宋朝以后，福建人口一直是全国人口较密集的区域。福建从人口稀少到人口密集，唐代是一个转折时期。

从福建人口变化和人口迁入的来源可以推定，唐朝时福建农业开始由粗放经营转向精细化经营，农业已开始向山上发展。据尤溪县联合镇姓氏族谱记载，唐朝时联合镇联南村南山尾自然村（东、南、西三面是丘陵高山，仅东北方向有小面积较为平坦的土地）已有人定居，这说明尤溪县联合梯田在这个时期已开始被人们开垦种植，从那时起至今已有1 300余年的历史。

由于福建地理位置比较封闭，少战乱之祸，社会环境比较安定，人口不断增多，宋代福建地区的人地矛盾变得十分尖锐。宋太平兴国三年（978年）“钱氏纳土”，福建地区正式归宋管辖，根据《太平寰宇记》记载，北宋时期福建总人口400万人左右。北宋后期，福州“生齿繁夥，其养不足”，“七闽地狭人稠，为生艰难，非他处可比”，表明闽北地区已出现人稠地狭的现象。

北宋末期“靖康之乱”至南宋初年，金人进攻北宋都城开封，北宋皇室及百姓纷纷南逃，一部分继续向南迁徙进入福建，这次中原移民进入福建，使福建人口大增。据《宋史 · 卷八十九》的记载推断，南宋福建人口在500万～600万。人口的快速增长，平原面积狭小，导致福建的人地矛盾越来越突出，使得当时福建一度出现“溺婴”现象。人多地少的矛盾迫使人们不得不在山区开垦农田，南宋中期福建山区出现“种稻到山顶，栽松侵日边”“山多淤田，人率危耕，侧种塍级满山，婉若缪篆”的梯田景观。可见，宋代梯田景观在福建已十分普遍。闽北山区甚至出现雇工和客户的经济关系，当时较先进的江浙农具被普遍使用，以提高农田产量。

南宋末期至元朝，蒙军攻宋进入江南两浙①，许多难民逃入福建，使福建人口再次增加。然而，据人口历史学家研究，由于元军嗜杀，入闽后滥杀百姓，福建屡屡发生反元起义，大量人口被杀，另有许多人逃到广东、江西等地，此外福建瘟疫横行，这些原因造成福建元代人口比宋代略有减少。揭傒斯的诗写道“全家十口一朝空，忍

① 江南两浙是古代的称法。“江南”指江南东道和江南西道，“两浙”指两浙东道和两浙西道。“道”相当于现在的“省”。

饥种稻无人获”，农业也因此停滞、荒芜。

这一时期的福建人口变化说明，宋代是福建农田开垦的主要时期，山区梯田景观在低山缓坡区已经成片存在，不少地区在当时的技术条件下，可开发梯田的山区已经被开发殆尽。据《尤溪县志》记载，宋代官民田有20.6万亩[①]，元代官民田有22.6万亩，可见，这个时期梯田的面积处于增长期。

对于遗产地联合镇而言，联合梯田存在的最有力的证据便是当地姓氏族谱和伏虎文化。据尤溪县联合镇姓氏族谱载，南宋绍兴二十六年（1156年）林氏朝凤六公迁到连云村定居；南宋淳熙年间，陈公美、张氏迁至联南村南山尾定居；元朝时期，包姓到联合镇云山村定居。因联合镇基本为山地地形，可以推定那个时候这里已经有较发达的梯田农业。随着联合镇迁入的人口增加，联合梯田应逐渐向深山延伸，规模也越来越大。此外，联合镇伏虎岩石门祖殿建于南宋淳熙年间，每年农历二月廿七的庙会，因纪念伏虎禅师成道之日而设，自宋代传承至今。伏虎岩在南宋的建立说明当时联合镇已有一定规模的人口和经济发展水平。据研究，福建发生虎患的原因是人口增加而向深山开发导致的，联合镇伏虎文化反映出在宋代及以前该地虎患严重，说明那个时期联合镇向山上开发梯田已具相当的规模。

明清时期，福建人地矛盾日益突出，达到许多人难以生存的程度。《明经世文编》记载，“闽之福、兴、泉、漳，襟山带海，田不足耕”。此外，沿海倭寇袭扰，长期战乱，山区灾荒和瘟疫频发，许多人口开始外迁。在人口外流的同时，也有不少人从外省迁入福建，然而，在人口较稀的山区，明清时期移入许多省外人口；防倭寇、镇压沙县邓茂七起义和清除郑氏集团等原因，外省的士兵也大量移

① 亩为非法定计量单位，1亩≈667平方米。——编者注

民进入福建。省内各地之间移民也较频繁，主要是由人数较密的地区向地旷人稀的山区和较偏远的沿海地带转移。这一时期，虽然福建有大量的人口外流，但主要集中于闽西南的长汀、闽北和闽东地区，处于闽西北的尤溪县人口基本没有外流，而且还是重要的迁移目的地。《尤溪县志》记载，明代官民田有24.6万亩，较宋元时期面积进一步扩大，说明这一时期农田仍处于重要的扩张阶段。

尤溪联合镇姓氏族谱记载，明朝洪武年间，曾姓于永定县迁到联合镇东边村小际自然村，姜氏从沙县迁到联合镇惠州村居住三代转而定居联南村，张姓一支从沙县迁入联合镇联东村定居，东边村李氏从江西省贵溪县迁入林兜村定居。清朝时期，郑姓、谢姓和刘姓等定居联东村，蔡姓、谢姓定居于联合村，余姓和卓姓等定居联南村。由此可见，明清时期，联合镇以人口迁入为主，这一时期是联合镇梯田形成规模的最重要阶段。

近代，福建人口总体上处于一个向外迁移的过程，外迁的主要动机是寻求发展机会。1891—1930年，福建本地的农业种植和加工制造业日渐凋落，东南亚的矿业和经济作物种植业迅速发展，闽东、闽北的大量人口流向南洋，这一时期福建迁出人口高达360余万人。由于战争的影响和出国限制，1931—1949年福建的国际迁出人口数量有大幅下降，这个时期共迁出人口约100万人。同时，近代福建向国内其他省迁移的人口也不少，迁移人员主要是出于经商的目的。但也有省外向福建迁移的人口，如江西、浙江、广东等邻省的手工业者与经济作物种植者向闽西北山区迁移。

尤溪一带人口自明清以后至20世纪90年代初，迁入和迁出的人口相对较少，人口的机械变化不大。但新中国成立以后至20世纪90年代中期，人口自然增长迅速（1949年全县15万人，1996年增长到42万多人），然而，耕地田面积一直处于小幅下降的趋势。据《尤溪县志》记载，新中国成立时尤溪的耕地面积为41.1万亩，到1996年尤溪耕地面积减少到39.5万亩，而水田面积则由1949年的38.6万亩，下降到1996年的约35.1万亩。耕地面积减少的原因主要是因人口大幅增长导致的居住、道路等建设用地占用部分耕地，以及耕地过度利用导致的部分耕地退化。但是1985年以后，农田基础建设、水土保持工作以及荒地开耕等原因，耕地面积又有所扩大，但是水田的面积没有太大的变化。

自20世纪90年代后期起，尤溪县人口自然增长速度已经非常低，从那时起至今，尤溪县人口数量变化的主要原因是人口流动。20世纪90年代以来，随着市场经济的发展，城市化进程不断加速，农村人口向城镇流动和落后山地农业区向沿海平原工业区流动，进入21世纪这种趋势得到强化。在这种社会环境下，尤溪户籍人口数量呈波动式上升，耕地面积呈小幅波动上升的趋势。当地农民在市场需求驱动下，为获得最大利益而进行的种植结构的调整，使水田面积总体呈下降的趋势。

联合梯田存在的意义

联合梯田历史悠久，从原始刀耕火种、铁犁牛耕到现代农业技术，联合梯田见证了联合镇祖祖辈辈在自然与社会双重压力下，顽强抗争、繁衍生息的奋斗历史，是山地耕作文明的奇迹，是文化与自然巧妙结合的产物，是人与自然和谐相处、天人合一的伟大创造，是活的遗产。联合梯田的存在有助于人们进一步探索我国传统的农业种植技术经验与历史的秘密，对联合梯田的研究有助于借鉴历史传统农业的智慧解决现代农业问题。

尤溪人的祖先基本都是在南北朝到唐宋时期中原、江浙一带因避战乱迁到此地的汉人，他们带来了中原的文化和农业技术，许多文化习俗至今仍然保存较好。联合梯田是这些迁徙而来的汉民族独自创造的梯田类型，也是中国历史上保留至今的历史最悠久的古代梯田。当地文化是中国优秀传统文化的典型代表，由于交通不畅，受外界文化冲击较小，传统文化保存得较完好，对于保护中国传统文化的完整性有着重要作用。

在工业化和城市化步伐加快的今天，尽管各地耕地面积不断萎缩，阻碍了粮食安全问题的持续改善，但联合梯田粮食产量仍然保持稳定，表现出了应对城市化和工业化冲击的优势。尤溪联合梯田良性的复合农业系统结构和科学的水源管理经验，显示了其抵御自然灾害的能力，多样的种植结构和作物品种对保证当地民众食物安全和营养多样性等方面具有重要意义。

梯田农业生态系统有森林、水田和旱地、村庄和河流，多样的生态系统孕育了丰富的生物，保证了各种生物的繁衍和进化环境，并保留了大量的生物基因资源。尤溪联合梯田地区保留有大量的地方水稻品种，如今仍保留有72个传统稻谷品种；还有许多其他动植物品种，如觅食性超强的山麻鸭、番鸭、半番鸭等；此外，地方性的牲畜品种、绿肥品种、土制农药品种等，也都具有重要的历史认识价值。所以，联合梯田农业文化遗产系统对地方品种的延续有重要的作用。

联合梯田与自然和谐相处的耕作方式对于当地环境的保护起到了重要的作用，如水土保持、涵养水源、维持生物多样性等，有利于生态环境的稳定。古老而悠久精湛的农业技术对于应对现代农业发展的问题，如生物多样性减少、生态破坏等，具有参考价值，能进一步改善生态环境恶化问题，维持生态环境良好发展。

联合梯田种植与以农药化肥为主的现代耕作方式相比，化肥农药的使用量相对较低，且仍保留着传统的复合生态种植技术，诸如稻田养鱼、稻田养鸭，撒石灰和草木灰等除虫方式，做到了不仅保证当地居民的食物供应量和多样性问题，也保证了其饮食的健康安全，还为当代依靠农药化肥的农业转型起到了很好的示范作用。

梯田农业系统可持续种植模式、清洁而优美的环境，使其具备了走向多种经营发展的优越条件。多采用传统生态的种植方式，有很好的发展有机农业和绿色农业的基础，通过发展有机种植，生产高质量的农产品，以提升农民的收入；梯田优美的景观、特色的美食、特别的文化习俗、清洁的自然环境是重要的旅游资源，发展旅游业也可以大幅提高农民的经济收入，从而使当地农村的基础设施、农民居住条件得到改善，农民文化自觉性、行为文明意识和公共环境卫生意识得到提高。

联合梯田系统的遗产要素对现代发展具有多种意义。如立体的系统结构和梯田的水流管理方式，使梯田农业旱涝保收，对现代农业基础设施建设和管理具有重要的借鉴意义；当地的山歌、农谚、诗词等文学艺术形式，当地的建筑风格，当地的节庆、民俗和信仰等对于研究语言学、民俗学、建筑学、历史学、农业学、社会学等领域的学者有重要的研究价值；其传统的农业种植方式使得人与生态环境和谐发展，探究其中的奥秘对于现代美丽乡村的建设具有重要的研究意义。

一

梯田之美与慧

福建尤溪联合梯田

（一）天时地利成闽中粮仓

1. 孕育多样农业之气候

尤溪地处我国东南亚热带季风气候区，热量充足、降水丰沛、气候湿润、季节分明。年平均气温19℃，最高气温39℃，最低气温−2℃［高山（连云村）为−4℃］，1月平均气温最低，7月平均气温最高；无霜期为280天，初霜出现于12月上旬，终霜常年在2月下旬；年平均降水量1 600毫米，且多集中在5～9月，降雨天数约220天，最长连续降雨天数17～19天，最长连续无雨天数为16～20天，丰富的降水量为梯田的可持续发展提供了重要的水源保障；历年平均

尤溪梯田云海（尤溪联合镇/提供）

蒸发量1 313.4毫米，年平均日照时数1 781.5小时，约占全年可照时数的40%，其中以7～8月最多，2～3月最少。有利的气候条件为梯田的可持续发展提供了气候基础，满足联合梯田作物生长所需的光、热、水等资源。

山区独特的小气候在联合梯田系统物质与能量的循环中也发挥了关键作用。海拔落差造成了突出的立体气候。山脚或低山区的气温较高，将河水、溪流等水系里的水体大幅度蒸发。大量水蒸气随着热气团层层上升，在高山区受到冷气团的压迫而冷却，形成了终年缭绕的云雾，再经冷却凝聚成雨水，降在高海拔山区的树林中，被树木吸收贮存，形成地表水和地下水，然后通过沟渠沿山坡流至山脚，为梯田的灌溉提供了非常有利的水源条件，千层万级的梯田也就有了源源不断的活水。

2．塑造立体景观之地形

尤溪县地处戴云山脉北段西部，境内东西山岭耸峙，丘陵起伏，山峰林立，山间盆地交错分布，中部尤溪河谷斜贯南北。地貌以中低山地为主，地貌类型主要包括山地、丘陵、山间盆地与河谷平原。各地海拔差异较大，最高峰大模山坐落在东南方，海拔1 472米，最低处位于东北方尤溪口镇尤墩居委会驻地，海拔72米。全境地势东西高、中部低。其中，山地为主要地貌类型，占全县总面积的71%，又以低山为主，主要分布在西部，是全县面积最大的地貌类型。此外，丘陵占全县总面积的22%，山间盆地占5.5%，河谷平原占1.5%。山地、丘陵为主的地貌类型，为修建梯田提供了基础的自然地理条件。勤劳的联合人巧妙地利用地形，凭双手和简单的工具，修建了立体的联合梯田景观。

梯田全景（尤溪县联合镇/提供）

3. 滋养粮果满仓之土壤

尤溪县土壤类型多样，主要土壤类型为灰黄泥田、乌黄泥田、青泥田、黄底灰泥田、黄泥田和黄泥沙田。耕作土壤类型以水稻土为主，占全县耕地土壤总面积的97.05%。联合梯田地区的土壤大体可分为沙质土、黏性土和黄质土三大类型，以黄泥田、灰泥田最多，占比达78.8%，这类土壤质地疏松，肥力较高，适宜各种农作物生长，是当地发展农业生产的基础。

（二）刀耕火种筑天梯农田

1. 种稻到山顶，栽松侵日边

联合梯田人民数千年生活在这个山地众多的自然环境下，利用自己的智慧，经一代又一代人的努力，创造了一个循环的立体生产系统，保障了人民的生计安全和健康稳定的生存环境。尤溪人创造了一个科学而美丽的景观系统，由涵养水源的森林（水源林）、竹林、村庄、池塘、梯田、河流等要素组成。梯田通常分布在海拔300～900米的山坡上；山顶为水源林和竹林；村庄、池塘和梯田在山腰上，村庄散落在梯田中；河流分布在山谷。从上到下形成了水源林—竹林—村庄—梯田—河流空间框架，层层叠叠的梯田、田间的房舍、袅袅的炊烟、劳作的人群，随四季变化，如一幅淡浓相宜的山水田园画卷。

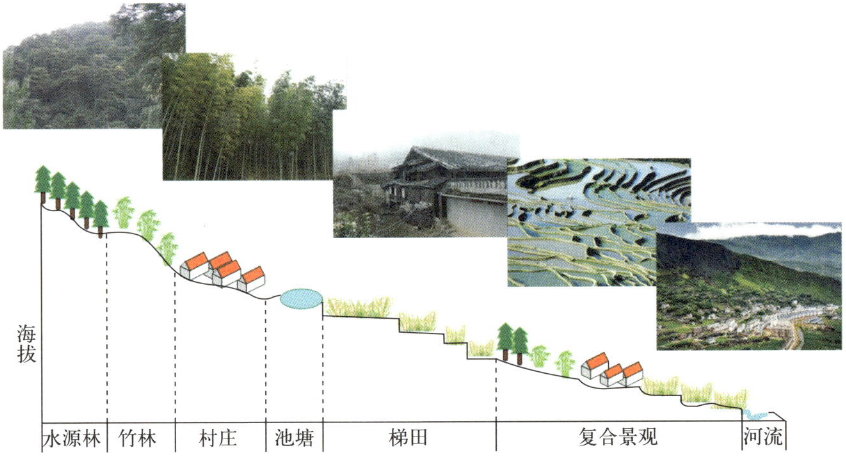

联合梯田立体景观（胡伟芳/绘制）

联合梯田的作物种植景观因海拔高度不同而异，植物景观的垂直变化非常明显。在400米以下，作物轮作模式为“蔬菜－水稻－冬季休耕（或绿肥）”。在400～600米，为“中季稻－油菜轮作或菜叶－蔬菜（西瓜、玉米、花生、黄豆、绿豆、豌豆、烟叶、蘑菇等）”的保护模式。在600米以上，作物轮作模式为“中季稻－蔬菜（蘑菇、马铃薯、绿豆、豌豆）”“中季水稻－冬季休耕（或绿肥）”和“单季晚稻－冬季休耕（绿肥）”。在联合梯田的垂直布局中，不同的景观空间分布均匀，边界清晰。这种布局体现了田野与森林相结合、梯田与村庄相结合的和谐环境，展现出丰富多样的景观空间布局。

这种结构有许多优点：山顶上的森林可以涵养水源，为当地居民提供源源不断的生活和生产用水；村庄分布于山腰部位，有诸多益处，比如夏季温度适中，不会太炎热，由于靠近梯田和森林，去田间、林间劳作方便；梯田位于山脚下，可以获得更多有利于作物生长的热量。

从生态支撑的角度来看，这种景观结构也有很多有利之处。森林在水土保持中起着至关重要的作用，因此它们可以通过地表和地下径流为梯田提供水和营养，为当地物种提供栖息地，也为人类提供食物和材料。草地的主要功能为防止水土流失和保护生物多样性。稻田主要为人类生产食物和材料，同时还具有生态功能，如水土保持、储存营养和生物多样性保护。旱地（包括茶园）也是粮食生产的重要场所，在生物多样性保护和水土保持方面也发挥着重要作用。

联合梯田因其地块狭窄和面积小而闻名。许多田块被描述为竹帽田或眉毛田。当地有谚语曰：“青蛙一跃过三丘，一牛一躺占一丘。”那么多梯田，从山脚到山顶，像丝带一样，构成了一幅非常美丽的风景，这些风景具有极高的旅游价值。

2．流泉从林来，寻渠至田间

联合梯田作为垂直景观系统具有调节水资源的功能。尤溪先民创造的景观“水源林—竹林—村庄—梯田—河流”是一套非常科学的重力灌溉系统，具有水资源自我调节管理的功能。首先，尤溪县有丰富的降雨，如春季的连绵阴雨，夏季的对流雨，夏季和秋季的台风雨，但在作物生长期间，它不是每天（或每周）都下雨。山顶上的森林可以截留大量的降雨，减弱雨天的地表径流，并让水从森林慢慢地流到梯田，不间断地为作物提供水。因此，森林在有效改善水资源时间和空间上的不均匀分布方面起着重要作用。

其次，池塘通常建在梯田上面的村庄附近，梯田之上，由水渠与山顶的森林相连，主要用来为村民提供生活用水。水不断从森林里流入池塘，再从池塘流到梯田，池塘里的水可以不断地更新。联合梯田

溢流堰（尤溪县联合镇／提供）

池塘的结构和水循环机制，使当地人民拥有了充足的优质水资源。

再次，由主渠、支渠和溢流堰组成的一个复杂的沟渠系统，将所有田块连接在一起，不仅能确保每一个梯田都能得到足够的水，还能使多余的水从梯田中流出。例如干渠和支渠主要收集森林涵养的水，旱季将其灌溉到梯田里，雨季将雨水排放到河流。梯田的溢流堰可保持农田里稳定的水深，以满足作物生长的需要。尤溪联合梯田的充沛降雨和科学的景观结构，为当地人民的生产和生活提供了充足的水源，其水资源管理系统在水土保持和生物多样性保护等方面发挥着重要作用。

3. 披荆斩棘烧灰烬，开山筑墙垒田塍

联合人的先辈通过“刀耕火种”的方式在山上挖掘梯田。首先砍去山上的林草将其焚烧掉，垦出旱地；然后再将旱地修筑成周边有埂的台地，引来森林中的山泉水灌溉，使其变为水田。开挖梯田一般选择在冬末春初，此时气候凉爽、土质干燥，宜于劳作。通过铲、鹤嘴锄等挖掘工具，将坡地改造成不渗水的台地，再在台地周边修筑田埂以存水，谓之梯田。建造梯田的目的是为保持土壤，扩大耕作面积，以增加粮食产量。联合梯田的开凿通常从山腰处坡度平缓、土层深厚的地方开始，自上而下建造。联合梯田的建设有三个步骤：第一步是用石头和黏土建造台地；第二步是构造梯田、田埂以储存水；第三步是建立一个复杂的沟渠系统，用于梯田的灌溉和排水。沟渠系统由干渠、支渠和田埂上的溢流堰组成。在靠近梯田的天然沟渠基础上，挖出主干渠；然后人工建造分支沟渠，将梯田与主干沟渠连接起来。这些沟渠以前是土质的，但现在部分沟渠采用混凝土修筑，质地变硬了。除此之外，在每块田的田埂上都挖出溢流堰，这是一种常见的灌溉方式。

联合梯田支渠（尤联县联合镇/提供）

联合梯田干渠（尤联县联合镇/提供）

梯田的建设是非常困难和缓慢的，据古书记载，修建一层梯田需要两年的时间。联合梯田分布在海拔300～900米，最大相对高度差为600米，因此，这些宏伟的梯田的开凿经历了很长一段时间。

（三）闽中明珠话梯田美景

1. 杉松竹果构绿色森林

联合梯田的海拔差高达1 000多米，可以满足不同生物生长所需的光热条件。高山区主要种植一些杉树、松树等林种，茂密的树林覆盖在山顶上，形成了一层厚厚的绿色绒衣；再往下，生长着大片的竹林，根根挺拔、郁郁葱葱，如整齐列队的士兵，守护着梯田的安定，和着山间轻风，摇曳多姿。一些低山丘陵地带主要种植果树，特别是那红心柚和柑橘园，一棵棵果树挂满了累累硕果，散发着丰收的气息。由于该地区气候条件十分适宜各类植物的生长，因此这些不同种类的树木构成了自然天成的绿色森林。目前，重要农业文化遗产保护区内林地占据着68.4%的土地面积。

红心柚园（胡晓清/拍摄）

柑橘园（尤溪县久泰农业公司/提供）

2. 蓝绿黄白染梯田四季

联合梯田景观随着时间变化，在不同的季节有不同的美景。春天，万物复苏，梯田开始灌水，农民们犁田、砌埂、削壁、灌田，或牛拉，或人扯，点缀在如镜般的梯田水面，勾画出一幅生机盎然的田园风光图。有时，云雾弥漫于梯田之间，在晨光的照射下，梯田如漫山舞动的条条白练，蜿蜒于群山之间，又如一面面镜子，映照着蓝天、白云，与山冈上红的桃花、绿的杉树、翠的毛竹，构成一幅幅春天画图。

梯田之春（尤溪县镇政府／提供）

夏天，层层梯田铺青叠翠，苍绿的禾苗随风起舞，连着山冈的红花绿树，仿佛天地是一片浩瀚的绿海，夹着醉人的稻花香，无不让人沉醉在她迷人的怀抱里。梯田一尘不染，空气格外清新，只要轻轻吸一口，甜丝丝，香喷喷，令人感到神清气爽，两腋生风。

梯田之夏（尤溪县镇政府／提供）

秋天，是人们收获的季节，如同黄金飘带般的稻浪，一株株稻谷笑弯了腰，在微风中此起彼伏，洋溢着收获的喜悦，往上直达天际，往下如大海扬波。

冬季梯田虽已收割，看似有点荒凉，但仍不失其英姿和魅力，遇上寒流结霜或下雪，层层梯田白皑皑一片，错落有致，仿佛诉说

梯田之秋（尤溪县镇政府／提供）

梯田之冬（尤溪县镇政府／提供）

着安静与祥和。这一幅幅图景，正是“春飘条条银带，夏滚道道绿波，秋叠座座金塔，冬砌块块白玉”。难怪有诗赞曰：“到得尤溪联合山，山路弯曲十八盘。万壑天风过耳畔，千亩梯田入云巅。紫燕剪水秧田里，白鹭翻飞竹海间。雄鹰展翅九天外，坦荡心胸只等闲。”

3．阴晴云雾显气象万千

联合梯田天气瞬息万变，气象美景，或如期而至，或偶然邂逅。当太阳升起，红霞满天，云雾滚滚，阳光透过云雾投射下来，黄绿相间的千层梯田伴着浓雾沐浴在阳光里，每一层梯田都是一道细碎精巧的涟漪，每一叠梯田都是一片清净如鳞的波纹，当天光飘荡在层层水波之上，金色的碎片就缀满整个山体，像条条银丝带在山野

联合梯田云海（尤溪县联合镇/提供）

闪烁，犹如丹青绘彩，满山流光溢彩，恍若天上人间，让人流连忘返。当太阳缓缓落下，夕阳的余晖洒在梯田上，加上赤红的晚霞，构成了一幅幅绝美的夕阳画卷。尤其在有雾的天气，大片的梯田在云海笼罩下，就像从人间通往天堂的天梯，若隐若现，缥缈悠然，非常壮观美丽；当云雾散去，联合梯田雄伟壮阔的轮廓尽显，像一位壮年人在诉说着沧海桑田，道出耕作的辛劳。层层叠叠的梯田有数百级乃至上千级，精致、恢宏。山中有梯田，田中有房屋，房屋组成的村庄呈扇形敞开，两条如银龙般的水泥公路盘踞在梯田和房屋边，又像两条银丝带闪着耀耀白光。而那大大小小的梯田，是典型的“斗笠丘、眉毛丘、蛤蟆一跳过三丘”的碎田块，这千把亩梯田在崇山峻岭中连绵，在沟沟坎坎中延伸，组成一个纵横交错、浑然一体的梯田群体，形成一个艺术与美的梯田世界。

联合梯田晴空（尤溪县联合镇/提供）

4. 承古融今续乡村文化

联合梯田历史悠久，她是联合世代农人，千年生命接力，用刀耕火种的原始技术，创造出这个古老而美丽的历史遗产，成为中国历史上汉民族开凿时间最早的大型古梯田群之一。在联合人世代与自然界各种灾害抗争过程中，创造了一系列与当地自然环境、生产生活密切相连的文化形式，约束、支持、引导、激励着一代代人适应自然、改造自然以及与自然和谐相处。这些文化形式记录了联合镇的农业生产和人们生存环境的发展演化。如伏虎岩庙会反映了当地曾虎害严重，拜牛神仪式反映了过去牛在当地农业生产中的重要地位。

长期的生产生活实践活动形成了联合梯田地区特有的饮食文化、节庆、民俗、崇拜、禁忌，充分反映了古代劳动人民与自然的和谐关系，具有典型的地方特色。在民俗等传统文化方面，联合镇人民

伏虎岩庙会（尤溪县联合镇/提供）

小腔戏（尤溪县联合镇/提供）

创造了丰富多彩的乡土文化，其中有大量歌颂劳动、歌颂生活、歌颂爱情的山歌，有精彩的地方剧种——小腔戏，有独具特色的宗教仪式、婚嫁习俗、饮食文化以及竹雕等传统工艺。其中，最具地方特色的地域标志性文化是每年一度的“拜牛神仪式”和“拜伏虎禅师仪式”。这些传统文化活动深深根植于梯田耕种方式之中，是古老文明的集体追忆。

如今，梯田不仅仅是人们生存的载体，更是千百年来勤劳的尤溪山民在荒山坡岭独创的一曲宏大的立体音符旋律。勇于开拓的先民们，他们在长期与自然的斗争中，创造了生活，创造了美，也创造了天地间最宏大的音乐。因为那是伴着他们世世代代生存的天籁之音。他们用手中的大锄拨动琴弦，弹出一曲春华秋实的欢乐，弹出一段田园牧歌的山乡情调，弹出一个虽无惊天动地却也自在充盈的人生。他们踏着朝霞晨露，伴着暮云星光，用纯朴与勤劳谱写着生命的赞歌。

（四）梯田农业探古人智慧

1. 间套轮作的科学奥秘

间套轮作是联合镇人在长期梯田耕作中形成的劳动智慧。间作可以利用不同作物品种的不同生物学特性、不同的资源利用模式和抗逆特性，使得间作的植物各自能良好的生长。不同作物的轮作有利于土壤中的养分均衡消耗，提升单位土地面积的产值，还有利于减轻与作物伴生的病虫杂草的危害。例如，稻－豆间作等多品种间作不仅保证了作物产量的稳定，而且提高了梯田系统的恢复力，大

稻－豆间作（尤溪县联合镇/提供）

多品种蔬菜间作模式（尤溪县联合镇/提供）

大减少了农药的使用，提高了粮食产品的质量。联合梯田水田的作物轮作类型包括水稻－大豆轮作、水稻－油菜轮作、水稻－豌豆（蚕豆）轮作、水稻－玉米轮作、水稻－蔬菜（番茄、芹菜、黄瓜、菠菜、土豆、甜瓜、大白菜、卷心菜、甘薯）轮作。在旱地，作物轮作类型包括红薯或花生－蔬菜、玉米－蔬菜等。

稻－薯轮作：水稻收获后，选择耐低温、早熟、成熟集中、优质品种的红薯在11月初育苗，2月中旬移栽。通常来说，红薯在4月末上市，6月初结束收获。水稻在5月初播种，6月中旬移植，10月初收获。

稻－芹轮作：稻芹轮作模式中的水稻是早熟品种，如台湾白米等。7月底西芹开始育苗，9月下旬水稻收获后开始耕地，然后将芹菜移植到拱形的温室中，种植间距通常是11厘米×11厘米，平均每亩种植50 000株。10月下旬后，芹菜长势越加蓬勃喜人，芹菜在冬季和春季收获，4月中旬收获结束。

水稻－黄瓜－油菜轮作：在水稻收获后，10月中旬开始黄瓜育苗，当每株苗长四叶后将其移栽到拱形的温室中，在春节前后，它们分批上市。在翌年的5月初产果季结束后，黄瓜藤被连根拔起，然后将土地翻耕开始播种春油菜，6月收获。

水稻－油菜轮作：每年3～4月，当地村民在苗床上育苗，5月初，他们把秧苗移植到稻田里，11月收割。一般种植的水稻品种有同和米、黏糯米、红糯米、黑糯米、绿糯米等，是当地人民一代又一代选择的特殊品种，是联合特有的水稻。为了增加冬春季梯田利用率，提高旅游质量，也为了增加经济收益，当地村民每年冬天都在这里种植油菜。冬季油菜种植面积约300亩，约占梯田总面积的20%；剩下的80%的梯田都是贫瘠的土地，通常种上青草以保持土地的肥力。

水稻－菠菜－马铃薯轮作：水稻收获后，当地村民在10月初至10月中旬播种菠菜，春节期间分批上市。2月下旬至3月初，修建宽约75厘米的田埂，将土豆播种在田埂上，然后覆盖上薄膜。每公顷需要1 500千克土豆作为种子，种植间距30至35厘米×20厘米，土豆在5月底到6月初开始收获。

水稻－马铃薯轮作：主要有早稻－秋甘薯和春甘薯－晚稻两种轮作模式。早熟水稻在3月中旬播种、育苗，4月中下旬移栽，成熟后在7月中下旬收获，生长期为115～125天；秋季甘薯的土地翻耕和种植在7月下旬至8月初，其收获时间为12月上旬；春甘薯为温室育苗，土地翻耕和种植时间为3月下旬至4月初，收获时间为7月下旬；晚稻是指生长期为110～120天的水稻，7月中旬播种，8月初移栽，11月初成熟收获。

稻－瓜轮作：西瓜－水稻轮作不仅有效地克服了西瓜连作的障碍，而且能很好地控制水稻条纹病的发生。这是一种易于操作、投资少、利润高的栽培模式。西瓜育苗从1月中旬开始，移植是在2月底，第一批采摘工作从4月中旬开始到5月中旬结束，第二批采摘工作在6月中旬和下旬，然后将果园清理干净；水稻在6月1～5日播种和育秧，6月下旬翻耕，接着进行移栽，10月下旬收获，11月进行翻耕和养护。

水稻－绿肥轮作（尤溪县联合镇/提供）

水稻－绿肥轮作：紫云英属豆科，黄耆属的二年生草本植物，匍匐多分枝，是一种常见的用作饲料和绿肥的作物，其具有很强的固氮能力，因此在植株腐烂分解时可以激发大量土壤氮素，在农田生态系统中承担着维持氮循环的重要作用。水稻－绿肥轮作有利于改善土壤肥力，也有利于种植业体系中“粮经饲”三元结构的建立。在水田耕作体系中加入“绿肥”这一个环节，启动了连接土、肥、草、粮、畜多个环节的生态农业系统，这是持久农业的一种形式。

多品系间作：联合梯田的农民崇尚作物多品系栽培，利用不同品系和不同作物的生物学特性及资源利用方式的差异、抗逆性特征，创建了水稻多品系栽培、稻豆间作等技术，提高了梯田生态系统的抗逆性，不仅保证了作物稳产，而且大大减少了农药的使用，提高了农产品品质。

联合梯田多品系间作（尤溪县联合镇/提供）

联合梯田水稻多样性种植（尤溪县联合镇/提供）

2. 种养共生的生态智慧

稻鱼共生：稻鱼共生技术是联合梯田传统农业生产方式中的成功模式。当地农民通常选择海拔低、水资源充足、灌溉排水方便、水质好、保水条件好、日照充足的稻田，通常会将这些水田的田埂垫高和加固，一旦田埂崩塌和溢水可能会导致水田中的鱼流失。在稻田里挖的小池塘通常被称为鱼塘，占稻田总面积的5%～10%。挖掘鱼塘被认为是当地养鱼的关键步骤，其次是鱼沟的挖掘，通常是“十”字或“井”字的形式。鱼沟可以是各种形状，前提是保证鱼能顺利地游到较大的稻田区域，同时，在稻田的出水口和进水口都扎了竹篱笆，防止成年鱼逃逸。鱼沟的大小通常是60厘米宽和50厘米深，通常会在种植水稻20～30天前挖掘。在3月春分和4月清明节之间，是第一次施用有机肥和修复田埂的时候。4月下旬是第二次犁地、耙地和用泥巴修缮田埂的时候。5月底到6月初，当移植的水稻恢复生长时，小鱼苗被放入池塘，它们开始游过池塘进入稻田进行觅食。从6月下旬到8月下旬，水稻进入抽穗期、开花期和包浆期。在水稻生长茂盛的时期，鱼的生长以昆虫为食（叶子蛀虫、稻飞虱等）。9月初，人们可以捕获、销售和食用长大的鱼，而小鱼则可以在水田里继续生长。10月到第二年的3月，稻田被灌满水进入休眠期，这时鱼被留在池塘里过冬。

稻田养鱼（尤溪县联合镇／提供）

此外，还有在田埂内的边缘开沟养鱼，沟上搭架子种瓜，田埂上种豆，形成的更复杂的立体农业模式。总体来看，稻田养鱼模式的直接经济收入和综合社会效益方面都比常规农业生产要高。例如，稻鱼共作提供的生态系统服务价值比常规稻作模式有更大的价值。稻田养鱼的面积一直都在随着技术力量、地力、化学农药使用等因素的变化而变化，但该模式一直沿用至今。

稻-鸭共生：稻鸭共生模式在联合梯田也普遍存在，当地农民通常选择水资源充足、阳光充足的稻田养鸭子，这些稻田能为鸭子提供适当的栖息地和食物来源。他们通常会选择株形紧凑、产量高、抗逆性强的优质水稻品种，选择体型相对较小或中等大小的优良鸭种，以确保它们能适应水稻种植密度，从而使鸭子能够自由地在稻田里觅食和进行其他活动。

5月下旬，当移栽的水稻恢复生长并进入生长高峰期时，将小鸭放入稻田进行放养。白天鸭子在田间觅食，捕食幼虫和野草，晚上它们回到当地农民家的鸭棚（当地的房子通常是木质结构，底层通常用来饲养家禽）。鸭子回到家中会吃鸭饲料以增重，鸭饲料中添加了玉米和其他谷物。9月底，水稻收获后，成熟的鸭子会在田里捡食散落的稻谷、捕食害虫。重阳节时，成熟的鸭子就可以用来做美食或者售卖了。从10月到翌年4月，一部分母鸭会被继续饲养，以便

稻田养鸭（尤溪县联合镇/提供）

产蛋进行繁殖。

山麻鸭、番鸭、半番鸭等传统品种是联合梯田本地所特有的品种。山麻鸭是本地蛋鸭，各村都有饲养，觅食力和抗病力较强，母鸭每年产蛋200～250个，最高可达300个。半番鸭，是番鸭和山麻鸭杂交而成的，无繁育能力，属肉用品种。稻鸭共作技术的可贵之处在于，它具有除草、除虫、培肥、中耕浑水、促进稻株发育、综合经济效益等显著优点，而且还能生产出无公害稻米，依靠鸭子的运动改善稻田的氧化状态，减少稻田甲烷的排放和实现稻鸭种养增产、增效的目的，开辟了水稻、水禽可持续发展的新途径。

在联合梯田系统当中，生活着丰富的可供人们食用的水生动物，包括草鱼、鲢鱼、鳙鱼、鲫鱼、黄颡鱼等鱼类，以及棘胸蛙、田螺、泥鳅、中华鳖等其他水生动物（表1）。

表1　联合梯田的水生动物品种

草鱼	俗称有鲩、油鲩、草鲩、白鲩、草根（东北）、混子、黑青鱼等
鲢鱼	又叫白鲢、水鲢、跳鲢、鲢子
鳙鱼	又叫花鲢、胖头鱼、包头鱼、大头鱼、黑鲢（还有的地方叫麻鲢）
鲤鱼	俗称有鲤拐子、鲤子
鲫鱼	俗称有草鱼板子、喜头、巢鱼、鲫拐子等
黄颡鱼	又名黄辣丁、嘎牙子、黄鳍鱼、黄刺骨
棘胸蛙	又名石鸡、棘蛙、石鳞、石蛙、石蛤等
田螺	俗称螺蛳、田螺、香螺
泥鳅	俗称鱼鳅
中华鳖	俗称鳖、甲鱼、元鱼、王八、团鱼、脚鱼、水鱼

稻田养螺（尤溪县联合镇/提供）

二

梯田之丰与和

福建尤溪联合梯田

（一）丰富品种　民智结晶

1．传统稻种民间传

联合人在育种上独具智慧，通过经年累月的选种、育种，他们拥有了丰富的传统水稻种质资源，至今还保留了72种传统水稻品种。这些传统的水稻品种包括石榴红、尤溪红、冷水珠、胡早、矮脚白、尤溪术等。

石榴红

尤溪红

冷水珠

胡早

矮脚白

尤溪术

白玉冬

乌鼻粳

闽早4号

红壳术

尤农

密粒选

丰富的传统水稻品种（尤溪县联合镇/提供）

在保存了大量传统水稻品种的同时，联合梯田目前还栽培有杂交水稻84种，这些水稻适应性强、稳产、高产，为地方的粮食安全提供重要保障。联合梯田其他作物种质资源亦十分丰富。在梯田内种植的其他作物共有123种，其中粮食作物27种、油料作物21种、蔬菜作物44种、绿肥作物4种、经济作物7种、果树10种和食用菌10种。

2. 家禽家畜食源丰

在联合梯田，当地人饲养的家畜和家禽品种也相当丰富，常见的养殖动物有10种，涵盖了35个品种，其中包括猪5种，如槐猪、闽北花猪；兔子6种，如獭兔、青紫蓝兔；山羊3种，如戴云山羊；奶牛1种，

槐猪

獭兔

戴云山羊

荷斯坦奶牛

黄牛

哈巴狗

尤溪土鸡

狮头鹅

肉鸽

畜禽种类（尤溪县联合镇/提供）

荷斯坦奶牛；耕牛2种，如黄牛；狗3种，如哈巴狗；鸡7种，如尤溪土鸡、银杏白鸡；鸭3种，如山麻鸭；鹅3种，如狮头鹅；鸽子2种。

联合人创造了多种至今仍在传承的水稻动物共生复合农业模式，如“稻田养虾”“稻田养蜗牛”“稻田养蟹”“稻田养鱼”“稻田养鸭”。共有12种动物与水稻共生，包括6种鱼，如泥鳅、黄鳝、草鱼、鲤鱼，大虾等3种虾，2种海螺，1种蟹。

稻田养虾

稻田养螺

稻田养蟹

稻田养鱼

稻田养鸭

丰富的养殖动物（尤溪县联合镇/提供）

（二）珍奇物种　自然馈赠

1. 珍禽异兽共生林间

联合梯田的森林、村庄、梯田和河流复合体系中共有166种动物，这些动物通常生活在不同的子生态系统中。

沙蟒

蟒蛇

黑麂

云豹

尖吻蝮

豺

虎纹蛙

白腹隼雕

雀鹰

苍鹰

水獭

褐翅鸦鹃

猕猴

穿山甲

部分国家级保护动物类型（尤溪县联合镇/提供）

森林子生态系统中分布有123种动物，其中无脊椎动物49种，脊椎动物74种，以食肉性动物和啮齿类动物居多；在村庄子生态系统中有63种动物，包括无脊椎动物29种，脊椎动物34种；在溪流子生态系统中分布有75种动物，包括37种脊椎动物和38种无脊椎动物。在联合梯田的森林子生态系统中，有5种国家一级保护动物，分别是沙蟒、蟒蛇、黑麂、云豹、尖吻蝮；国家二级保护动物12种，分别是豺、虎纹蛙、白腹隼雕、蛇雕、雀鹰、苍鹰、林雕、褐翅鸦鹃、红隼、水獭、猕猴、穿山甲；国家三级保护动物28种，包括刺猬、泽蛙、中华蟾蜍、赤链华游蛇、铅色水蛇、竹叶青蛇、豪猪、野猪等。福建省保护动物有7种，包括鸬鹚、画眉、长耳鸮、山斑鸠等。

2. 奇木异草遍布山野

联合梯田的森林、村庄、梯田、河流组成的复合系统中共有植物种类672种，四个子系统中同时存在多种植物。

森林子生态系统中分布有植物458种，其中乔木147种，灌木72种，木质藤本15种，草本184种，草质藤本16种，蕨类18种，苔藓植物6种；村庄子生态系统中植物共有285种，其中乔木60种，灌木33种，草本149种，草本藤本13种，蕨类23种，苔藓类7种；溪流子生态系统中共有植物208种，包括乔木43种，灌木51种，木质藤本8种，草质藤本12种，草本73种，蕨类14种，苔藓类7种。

联合梯田孕育了大量稀有物种资源。拥有国家一级保护植物2种：金毛狗脊、红豆杉；国家二级保护植物7种：楠木、樟、观光木、闽楠、银杏、油杉、福建柏；国家三级保护植物3种：黄连、厚朴、凹叶厚朴；福建省保护植物9种：福建青冈、福建含笑、福建山樱花、油杉、柳杉、罗汉松、三尖杉、樟和斑竹。

红豆杉

金毛狗脊

银杏

楠木

香樟

闽楠

油杉

福建柏

观光木

联合梯田珍稀植物资源（尤溪县联合镇/提供）

3．美味真菌多姿多彩

联合梯田系统共有27种常见微生物，它们同样可以在几个不同的子生态系统中找到。在森林子生态系统中，有27种普通微生物，其中有7种普通微生物在村庄子生态系统中也有分布。珍稀的真菌物种有竹荪、猴头菇、松茸等。

猴头菇（尤溪县联合镇/提供）

松茸（尤溪县联合镇/提供）

竹荪，拉丁名为*Dictyophora indusiata* (Vent.ex Pers) Fisch，又叫竹笙，也叫竹参，是一种隐花真菌，通常寄生在枯竹的根部。常见的可以食用的竹荪有4种，分别为长裙竹荪、短裙竹荪、红托竹荪和棘托竹荪，由深绿色菌帽、白色网状裙菌衣、白色圆柱形菌柄组成，白色网状裙从菌盖向下铺开，被人们称为“雪裙仙子”“真菌之花”“山珍之花”。竹荪根据其裙的长短可分为长裙竹荪和短裙竹荪，长裙竹荪多产于高温高湿地区，而短裙竹荪则多长在温暖湿润的环境，竹荪营养成分丰富，香味浓郁鲜美，自古就被列为“草八珍”之一，其实体中含有高分子多糖和多种酶，其中的多糖为异多糖，能够增强肌体对肿瘤细胞的抵抗力。中医药典记载，竹荪味甘、性寒、无毒，具有滋阴养血、补脑益气、化痰止咳和降低腹壁脂肪积储的功效，对高血压、高血脂、高胆固醇、动脉硬化、冠心病及肥胖症等有良好疗效，是高原旅游、办公室疲劳的上班族、经常大鱼大肉人群良好的保健食品。

竹荪（尤溪县联合镇/提供）

（三）山水林田　和谐如画

1. 开源节流蓄清泉

森林林冠和土壤、梯田土壤可以固持一定的水量，有效地调节雨水的时空分布。水平梯田和山顶的森林生态系统在雨天可以蓄水，减弱地表径流，削弱河流的洪峰，降低雨水对坡地的冲刷，从而起到保护土壤及其养分的作用。同时，森林涵养的水分在旱季会逐渐渗入梯田，满足梯田作物的用水需求。梯田土壤也能在一定程度上节约水分，保证生态系统中多样性植物的需水量。

联合梯田年平均降水量约为1 600毫米，年降雨天数约为220天，连续降雨日最长为17～19天，连续无降雨日最长为16～20天，年平均蒸发量为1 313.4毫米。据计算，该生态系统2018年水资源涵养量是13.82×10^8立方米（表2），对保护当地农业生物多样性及保障农林牧渔副业的生产具有重要意义。

表2　联合梯田生态系统2018年涵养水源量

项目	面积（千公顷）	涵养水源量（$\times10^8$立方米）
耕地	1.86	2.73
园地	0.47	0.69
森林	7.08	10.40
合计	9.41	13.82

2. 保壤保肥固沃土

山顶有丰富的植物种类，梯田被茂密的森林所覆盖。植物根系固定土壤是通过植物分泌的有机质来实现的，这样可以使土壤抵抗水土流失。高大树木的树冠截留雨滴避免直接降落在土壤上，以降低雨水的侵蚀力，而地面植被和枯叶层的调节作用，基本上消除了降雨侵蚀土壤表面的能力。一级一级的水平梯田，可以降低地表径流流速，进而降低了地表径流对土壤的侵蚀作用，因此，更好地实现水土保持。总体而言，联合梯田系统的保水保土作用，主要体现在避免土地浪费、减少泥沙沉积、防止土壤养分流失等方面。

在联合镇，山地占了全镇土地面积的92%。当地人利用山地地形创造了立体的景观，即水源林—竹林—村庄—梯田—河流的景观结构，这种景观结构对保护土壤具有重要作用。经计算，2018年联合梯田生态系统的土壤保持量为118.81×10^4吨（表3）。

表3 联合梯田生态系统2018年土壤保持量

项目	面积（千公顷）	土壤保持量（×10^4吨）
耕地	1.86	7.12
园地	0.47	0.79
森林	7.08	110.9
合计	9.41	118.81

3. 密林稻田调气候

联合梯田在调节温度和空气湿度方面也发挥了重要作用。如前所述，联合梯田能够以一种有效的方式涵养水源，当水分蒸发到空气中时，可以降低温度，增加周围空气的相对湿度，而且绿色植被也可以通过遮阴降低夏季的温度，调节蒸腾作用。

森林里的树木、灌木和草以及农田里的各种作物通过光合作用在大气中释放氧气，都有助于降低二氧化碳含量。此外，土壤微生物通过呼吸作用消耗大气中的氧气，释放二氧化碳，也有助于保持大气中二氧化碳与氧气的平衡。因此，联合梯田具有很强的固碳、释氧、增加空气负离子含量功能，减少温室气体浓度的功能，对减缓全球变暖发挥着至关重要的作用。

2018年梯田子生态系统和森林子生态系统固定碳量分别为53 513.3吨和150 092.9吨，两个次生态系统释放的氧量分别为39 396.3吨和110 497.9吨。梯田核心生态系统固定的碳总量为203 606.2吨，每年释放的氧气总量为149 894.2吨（表4）。

表4　2018年联合梯田农田和森林生态系统的固定碳量和释放氧气量

生态系统	面积（公顷）	固碳量（吨）	释放氧气量（吨）
农田系统	1 680.4	53 513.3	393 96.3
森林系统	7 083.2	150 092.9	110 497.9
总计	8 763.6	203 606.2	149 894.2

4. 林田间布抑病虫

联合梯田一方面可以通过生物的相互抑制作用和不同景观间的隔离效应降低森林和农田病虫害和杂草的发病率；另一方面，多样化的种植和养殖模式可以通过动物觅食和田间活动防止农田被昆虫破坏。在稻田里饲养的鸭子或鱼可以捕食水稻里的害虫和菌丝，这样可以去除一些病叶、老叶子和杂草。因此，这些活动可以有效地控制和消除稻纹枯病、二化螟、稻纵卷叶螟、水稻飞虱、水稻蚱蜢等其他水稻害虫和稻谷杂草。

三 梯田之产与业

福建尤溪联合梯田

（一）农林牧渔　生存之本

1．梯田三宝　足食之基

联合梯田在保障当地人民的粮食和生活安全方面发挥了重要作用，孕育出的“联合梯田三宝”：尤溪联合大米、尤溪联合花生、尤溪联合田埂豆，是尤溪人最主要的日常食物来源。水稻是该地主要种植的农作物，也是当地最重要的食物。当地农民在满足自己的粮食需求后，通常会出售剩余的大米以获得一定的收入，也有一些人将大米加工成二次产品销售以提高收入。

据统计，联合梯田2018年水稻种植面积为332.9公顷，占作物总种植面积的39.5%；水稻产量为2 183吨，占粮食总产量的71.6%。根据调查，2018年当地居民消费了大约40%的水稻（表5），其余的大米主要用于外销，年大米销售收入393万元。总体而言，由于地形的限制，联合梯田的水稻种植面积不大，但水稻为当地居民提供了主要的营养，对核心区联合镇而言，水稻在满足粮食需求方面比尤溪县其他地区更为重要。

表5　2018年联合梯田水稻种植面积与产量

区域	种植面积（公顷）	产量（吨）	单价（元／千克）	自我消费率（%）	销售收入（万）
联合梯田	332.9	2 183	3.0	40	393

尤溪成品大米的制作工序包括：稻谷清理、砻［lóng］谷、碾米、成品整理等。尤溪大米有大米、红米、黑米等原生品种；联合红米具有种植历史悠久（千年的种植传统）、成熟期晚、营养丰富的特点；黑米有“黑珍珠”和“世界米中之王”的美誉，滋补养生。

多样尤溪大米（尤溪县联合镇／提供）

尤溪梯田花生是当地特产，其做法工艺独特，被称为白晒花生，是花生煮熟后，通过晒制的方式去除多余水分制作而成，这样的花生风味独特。尤溪花生原种个头小，一颗花生1～2粒仁，每年8月成熟，具有营养丰富，入口微甘、清甜的特点，还有增强记忆的功能。

联合花生（尤溪县联合镇／提供）

联合花生食品（包装品）
（尤溪县联合镇／提供）

田埂豆因种植在梯田田埂上而得名。尤溪联合田埂豆与水稻套种，种植在梯田田埂上，这样不仅有利于加固田埂，更能提高土地的利用率，增加单位产值。尤溪联合田埂豆原种粒小而饱满，色泽淡黄，春播秋收，生长周期较长，产量较低；天然种植，生长环境优越，不施化肥、农药；营养价值高，其蛋白质含量高于一般黄豆，可以被用来做一些豆制品，如豆腐、千张、豆瓣酱、豆腐乳、豆豉等。

田埂豆（尤溪县联合镇/提供）

田埂豆食品（包装品）
（尤溪县联合镇/提供）

2. 林果牧渔　收入之源

除了种植梯田三宝，联合梯田还通过轮作或充分利用附近的旱地生产甘薯、马铃薯和玉米等，作为当地人民的重要食物。梯田种植的各种莴苣、大白菜、佛手瓜等蔬菜，为尤溪人提供多样的蔬菜来源（表6）。几乎所有的家庭都饲养不同数量的家禽和牲畜，如白猪、兔子、山羊、山地鸡、鸭子等以提供肉类、蛋类和其他相关产品，满足当地人对于丰富食物和营养的需求。当地农民也利用稻田养殖虾、螃蟹、鱼等水产品，除了丰富他们的食物类型，也是他们的重要经济收入来源。联合梯田的森林资源也非常丰富，为当地人民提供了大量的木材、草药、食物和其他林产品，如梯田上部的森林系统为人们提供凤尾菇、黑木耳等菌类，竹林一年四季都可为人们提供竹笋。除了直接销售这些食品和材料，当地农民还将这些多样化的食品和材料加工成二次产品，通过销售增加他们的经济收入。

表6 联合梯田2018年主要作物种植面积及产量

种类	种植面积（公顷）	产量（吨）
玉米	8.8	38
甘薯	87.8	414
土豆	64.2	245
大豆	18.4	40
花生	29.1	95
白菜	21.9	657
卷心菜	5.5	152
黄瓜	8.9	347
白萝卜	8.4	274
芋头	45	1 506
姜	0.5	15
花椰菜	7	222
荠菜	11.7	359
西瓜	0.6	18

竹笋
（尤溪县联合镇/提供）

兔子
（尤溪县联合镇/提供）

红薯
（尤溪县联合镇/提供）

黑木耳（尤溪县联合镇/提供）

田螺（尤溪县联合镇/提供）

除与梯田系统直接相关的动植物以外，梯田周边还有一些其他植物，也可提供一些其他的产品，如茶叶、果树、竹子等。

茶叶（尤溪县联合镇/提供）

竹林（尤溪县联合镇/提供）

金柑（尤溪县联合镇/提供）

（二）靠山靠田　兴产兴业

1. 茶叶清香飘四海

尤溪产茶历史相当悠久，传说是闽王王审知将茶树引进到中仙乡明山湖栽种，以后相继传至全县各地。明朝，茶叶已单独形成相当规模的一大产业。据《史记》记载，尤溪饮茶之风源于晚唐五代，二十三都西华村人严自泰曾四任户部河南清吏司员外郎，后升户部郎中，就曾携带此茶进贡朝廷。尤溪罐装茶习俗始于元明，流行于明清，至今仍在使用。制茶流程：萎凋→揉捻→发酵→干燥→入罐→悬于厨房梁上。在长期的生产实践中，尤溪人积累了丰富的种茶和制茶技艺，创制了汤川普济茶、华口水仙茶、音头山仙茶、明山圣王茶四大特色名茶。

如今，尤溪绿茶已获得国家商标局颁发的“尤溪绿茶”地理标志集体商标注册证。尤溪红茶也开始全国畅销。尤溪县是“全国无公害茶叶生产基地县”，福建省十大产茶县之一，由于气候条件优越，尤溪生产的茶叶质量好，茶叶远销海内外。据统计，2014年联合梯田茶叶种植面积为6 583亩，产量为932吨，2018年联合梯田茶叶种植面积与产量相比2014年都有所增加，种植面积为6 656亩，产量为988吨。

尤溪红茶（尤溪县联合镇／提供）

尤溪绿茶（尤溪县联合镇／提供）

2. 竹乡竹艺兴竹业

梯田人民长期生活的水源林—竹林—村庄—梯田—河流这样一个复合的农业生态系统，除了生产水稻等粮食作物还盛产竹资源，主要有毛竹、箣竹、小竹材等。据统计，2017年毛竹产量为149万根，小竹材327万根，箣竹10万根，相比2016年各种竹材的产量都有所增加。联合梯田人民住房、生活等都离不了竹材，竹子经过加工后可以作为修葺房屋的主要材料，也可以直接用竹子搭建住房；竹材经加工后可以做竹条、牙签等产品进行销售，增加当地居民的收入；居民利用系统的竹资源，创造了许多民间艺术品，其中以竹编最闻名。福建省尤溪县竹编工艺历史悠久，已有一百多年的历史。它编工精细，外形优美，轻巧玲珑，具有耐用、便宜的优点，原料十分考究，工艺独特，闻名海内外。简易的竹编制品有土箕、菜篮、笊篱、泥鳅篓、鸡笼、火笼、灯笼、谷围、笆斗、苈、筐、晒谷簦、门帘等。较精细的竹编制品有箩、簸箕、筛、笠、盛篮（担礼品用）、凉席、菜罩等。除上述竹编产品，还有竹床、竹椅、竹几、菜罩、鼎筅、竹帚、竹筷

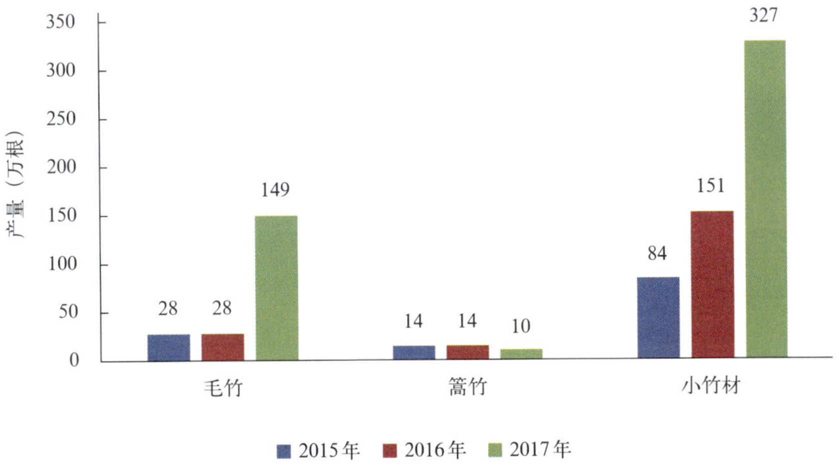

联合镇竹材产量（杨丽韫／提供）

等日常生活用品以及竹篾编的篾索、火把等，巧夺天工，精美绝伦。竹资源与当地人的生活密不可分，竹制品在当地市场随处可见，也有许多竹制品因其质量及工艺独特而远销海内外。

（三）我家在景区

1．梯田农家品传统美食

尤溪联合镇盛产稻米，主要水稻种类有籼稻、粳稻和糯稻，因此当地人民以米饭为主食。此外，当地还有用各种稻米加工而成的特色食品，如用粳米（俗称大禾米、粿米）磨粉加工成白粿、菜头粿、粿饺等各种粿类；用糯米酿制米酒和红酒、糍粑和艾粿等；用籼米加工成粉干、九重粿、米冻、金粿等。除米制食物外，产自梯田的小麦和杂粮也是重要食物，如尤溪人用小麦加工成当地特色食品——炸老鼠和筷子面，用番薯制成红薯粉，用槟榔芋加工成芋泥等。各类食物的做法十分讲究，均由尤溪人千百年来长期尝试和总结而成（表7）。

表7　尤溪联合梯田主要食物类型

主要原料		制作方法	食物类型	图片
稻米	糯米	将糯米蒸熟捣碎揉成团后摊平凉干	糍粑	

（续）

<table>
<tr><th colspan="2">主要原料</th><th>制作方法</th><th>食物类型</th><th>图片</th></tr>
<tr><td rowspan="7">稻米</td><td rowspan="3">糯米</td><td>用蒸熟的糯米拌上酒酵发酵而成</td><td>米酒</td><td></td></tr>
<tr><td>用艾草和糯米舂合而成</td><td>艾粿</td><td></td></tr>
<tr><td>把糯米跟红酒曲拌匀放在一起发酵，15 ~ 20天后，用石头将液体压出，经过高温加热后放入酒窖发酵</td><td>红酒</td><td></td></tr>
<tr><td rowspan="2">粳米</td><td>将粳米浸泡后上屉蒸熟，撒少许盐，放到石臼里捣</td><td>白粿</td><td></td></tr>
<tr><td>米磨成米浆，在里面放上萝卜丝、瘦肉等配料，放进锅里蒸熟</td><td>菜头粿</td><td></td></tr>
<tr><td rowspan="2">籼米</td><td>浸泡籼米后粉碎、冷却成型，再压条、蒸熟、出粉干条，蒸煮、烘干、成品整理</td><td>粉干</td><td></td></tr>
<tr><td>将籼米浸泡后磨成稀浆，加入佐料，分 9 次入笼逐层蒸熟，晾冷后切方块</td><td>九重粿</td><td></td></tr>
</table>

（续）

主要原料		制作方法	食物类型	图片
稻米	籼米	籼米浸泡磨成浆，加熟石灰和盐，加热成糊，冷却成型	米冻	
		将籼米浸泡后磨成稀浆，加入食碱和食盐，上屉蒸成	金粿	
小麦	面粉	将面粉加入佐料和成团，包入肉馅或素馅，放入油锅中炸	炸老鼠	
		小麦面和成团加工而成	筷子面	
杂粮	番薯	将洗净的红薯洗净粉碎，然后用稀布过滤，再经暴晒、打浆糊、漏丝、晒丝制作而成	红薯粉	
	槟榔芋	芋头切块或切片，入锅蒸，压成泥，加入猪油和糖，撒上芝麻，再上屉蒸	芋泥	

联合梯田的人们食用的菜类也极为丰富（表8），除各种时令新鲜蔬菜、禽畜肉、蛋类外，比较有特色的是农家自己加工成的腌制品，如用芥菜和萝卜叶加工的菜咸、萝卜腌制的萝卜干、竹笋腌制的卤笋咸、用糖醋拌姜腌制的醋姜等；尤溪也有许多特色荤菜，如用鸭肉烹制的尤溪板鸭和腊鸭、兔肉制作成的卜糟兔肉、泥鳅和粉干做成的泥鳅粉干；还有各种豆制品，其中糟菜、醋姜颇具尤溪特

色。调味品也很有特色，如尤溪人最喜欢吃菖头和蒜头醋。尤溪人十分注重食疗保健，常以当归、黄芪、人参、生地等中药材炖肉祛病健身，典型的滋补汤，如各种草根与猪肉炖制的草根汤。

表8　尤溪典型的菜类

菜类	原料	做法	名称	图片
特制素菜	芥菜	将鲜芥菜晒干，加酒糟和食盐将菜搓软，裹成团装入瓮中挤压紧密，用黄土密封，半年后取出	糟菜	
		将鲜嫩芥菜除去部分菜叶，晒一天，用刀切成手指大小的条状，下锅加油、盐、糖、酱、油等干炒至熟	菜咸	
	萝卜	将萝卜切成条，晒至七分干，洗净加入盐、辣椒面、花椒面、芝麻等辅料，放入坛中密封	萝卜干	
	竹笋	将竹笋去壳切块放入锅中，加入腌咸菜的卤菜汁，中小火煮约1小时至笋块入味，出锅装盘即成	卤笋咸	
	姜	将切好的姜片用盐腌2～3小时，放入白糖和白醋腌4～5小时即可	醋姜	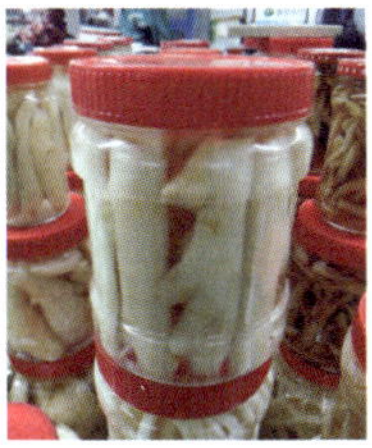
	蒜	剥皮蒜头加盐拌匀，腌1～2天，将糖、醋放入锅中煮沸、晾凉，倒入盛蒜头的盛具中，将容器盖上盖子密封，40天后即可食用	蒜头醋	

（续）

菜类	原料	做法	名称	图片
肉菜	泥鳅	在洗净的活泥鳅中加入茶油、酒糟、鸡蛋液、生姜，喂养2～4小时，将泥鳅捞出、洗净并入锅蒸30分钟。备好生姜、桂叶、辣椒干、糟菜，葱白切段、葱绿切末，将这些佐料加入骨头汤中煮沸。再加入粉干和蒸好的泥鳅中火煮3～5分钟，加入调料即可	泥鳅粉干	
	猪脚、猪肚、目鱼、兔肉	将山白芷根、盐肤木根等草根剁片熬煮成草根汤，加入猪脚、猪肚、目鱼，煮至猪脚等将软烂时加入兔肉、盐等煮熟，再加入味精调味，出锅装入坛中，最后加入老酒，加盖烧开	草根汤	
	鸭	干铁锅中撒大米和茶叶，淋入猪油，上架圆形铁线网盘，将鸭放在铁线网盘上，盖上密封锅盖。在锅底中部烧火，使锅内的大米和茶叶缓烧成烟，熏透全鸭。出锅将鸭汤倒入鸭腹，浸2小时，倒出鸭汤即可	尤溪卜鸭	
		选1～2千克的半番鸭，将鸭子杀净晾干后，切去鸭爪、翅尖，从鸭腹处剖开，用酱油、精盐、味精、五香辣椒粉等腌制入味，再用竹片将鸭身撑展开呈平面状，悬挂在柴火灶灶门口的上方，让烟及灶口余热熏烤而成	尤溪腊鸭	
	兔	将兔子去头、爪后切成四块，加精盐、味精、料酒、生姜片、葱白煮熟后捞起。剩下步骤同卜鸭做法	卜糟兔肉	

尤溪特色食物中，除粉干、锅边糊、九重粿、菜头粿、米冻、白粿、艾粿、粿饺、泥鳅粉干、筷子面等，肉制食品还有腊鸭、板鸭、卜糟兔肉等，尤其是红泥鳅粉干，只有在联合镇才可以吃到。

2．山水之间享田园生活

尤溪联合梯田经常会开展多样化的农事体验活动，如梯田趣味运动会，开耕节、丰收节等，吸引了大批游客与居民来参加。每年春耕时节，联合梯田会举办趣味运动会，竞赛项目均取材于春耕农事活动，如插秧、送青苗、摸田螺等，有来自世界各地的友人与当地农民一起参与其中，感受农耕的乐趣，体验农耕的辛劳与智慧，活动现场生动活泼，趣味横生；水稻丰收时节，举办丰收节及尤溪联合梯田山地马拉松赛，游客及选手们徜徉在天光云影、金黄稻浪的广袤天地间，体验阔别已久的自然之美，自由地呼吸，感受清新空气带来的身心体验。

联合梯田趣味农事体验（尤溪县联合镇/提供）

3. 伏虎岩上赏佛家文化

相传800多年前，联合镇闹虎患，人畜不安。百姓前往南平西芹伏虎庙请来伏虎神像，以镇虎灾，果然，神到害除。四方百姓敬重神威，崇拜神德。为敬拜伏虎神像，百姓就在石门岩上建造了一个神殿——石门祖殿，石门岩也因此被称为伏虎岩。

伏虎岩位于联合镇联东村入口处，距县城33千米，总面积2 370平方米，创建于南宋淳熙元年（1174年），上面分布有宋、元、明、清历代古建筑物：石门祖殿、泰山宫、观音佛堂、天然伏虎洞等。文昌阁、石门塔、揽胜亭、步云亭、接佛亭、七层宝塔、龙门等18处游览景点在1984年复建。这里山襟水带，景色宜人，山上树木奇特，石径曲折迂回，殿堂亭阁，凌空挂壁，气候宜人，正逐步成为人们旅游、避暑、疗养胜地。

为纪念伏虎禅师的功德，联合镇每年农历二月二十七举行伏虎岩庙会，届时联合五保（当地群众自发把联合境内的联合、联东、联南三个行政村内绝大多数自然村的村民划分为五个组，旧称“五保”）恭迎伏虎禅师巡游全境，保一方太平，附近地区常有近万人参加。每年举办的热闹非凡的伏虎岩庙会，便是历史上当地人征服虎患的一种历史记忆。

联合伏虎岩庙会活动（尤溪县联合镇/提供）

每年农历二月初一开始，联合镇民自发地开始沐浴、吃斋至二十七日那天。每年按瑶峰、王源、源底、西岐、南山五保轮流当值。当值一保带领其他四保，举行一场盛大的庆典。二十七日当天，每一保都展示一条龙，一支仪仗队，一支腰鼓队，一支管弦乐队，一支彩旗队。五保五队人马有序地沿道游街表演，一直到伏虎庙殿，锣鼓喧天、鞭炮齐鸣，震得两耳欲聋。场面十分壮观，吸引了十里八乡的村民与外地游客前来观赏。五保五队人马到了伏虎庙，还有一个重大的活动：五条龙伴随着乐队、喧天锣鼓在操场上进行舞龙表演，五条龙来回穿梭，十分灵活，场面十分壮观！人们把操场围得水泄不通。庙会还有一个重要活动——吃斋饭。食堂里人山人海，十分热闹。据说，吃斋饭能保佑善男信女们吉祥如意，万事顺利。庙会还为善男信女们送去斋饼、斋粿，给不能前来的家人送去一份安康与祝福！

联合乡民通过这一活动，企盼来年风调雨顺，五谷丰登，国泰民安！这一天，是联合乡民庆祝千百年传承下的传统节日，也是尤溪人民自发组织的最大传统节日之一。

4．朱熹故里悟义理之学

“东周出孔丘，南宋有朱熹。中国古文化，泰山和武夷。”这是著名学者蔡尚思对文化巨匠朱熹的评价。朱熹博览群书，融会诸家，体察社情民意，著述讲学，建立了完整的理学体系，被世人尊称为朱子。宋高宗建炎四年（1130年）的农历九月十五日中午，朱熹出生在尤溪城南毓秀峰下别墅［郑安道（义斋）馆舍，今南溪书院］的西厢房内，他在这里度过了美好的童年，并留下了许多富有传奇色彩的故事。

朱熹，字元晦，是中国古代最负盛名的哲学家、思想家、教育家，成就卓著的诗人和文学家。他集孔孟思想之大成，创建了一个博大精深的理学思想体系，对南宋之后七百多年的中国与东亚社会，产生了极其重大的影响。他学识渊博，人格高尚，是继孔子之后，又一位对人类思想史作出巨大贡献的东方文化圣哲。

朱熹作为一位自觉的思想家，以创立主流思想为己任，通过与同时代思想者的商榷和深入讨论，以及一系列文本建设的完成，逐渐建构起自己庞大的思想体系而成为南宋思想的巅峰。虽然，在他生前，他的思想没有得到统治者的认可，甚至被斥为“伪学”而加以取缔；但是，在他身后，他的理学思想终于被统治者树为“金科玉律”而影响了之后的整个封建社会，乃至当今。今天，朱熹的“闽学”（理学）仍作为传统文化的精华，积淀在人们的思想深处，指导着人们的言行。

朱子文化园（尤溪县文体和旅游局/提供）

朱子文化园景区位于尤溪县城关镇水南，总用地面积4.4万平方米，总建筑面积约1.46万平方米。主体由沈郎樟、文公祠、韦斋祠、半亩方塘、观书第、瘗衣处、开山书院、博物馆、朱子画廊浮雕群、画卦洲、青印石等组成，现已成为闽中腹地一处具有浓郁朱子文化氛围的旅游胜地。建筑风格以仿古建筑为主，建筑的屋檐很特别，取自当地的建筑风格——“龙舌燕尾脊”。朱子文化园景区主要包括：

朱子文化苑：占地面积2 300平方米，总建筑面积7 316平方米，是全国首家“中华明清牌匾第一馆”，主要收集明清时期的牌匾1 500多方，收集中堂对联1 000多对。朱子文化苑是朱熹公园6个建设项目之一，以观光游、文化游、休闲游、体验游和宗教游为主导的，集现代文化体验与传统文化传承为一体的新型人文景观旅游景区。

博物馆：尤溪县博物馆占地面积3 605平方米，建筑总面积7 324平方米，成立于1985年5月，是福建省委省政府命名的爱国主义教育基地、福建省二级达标馆和省委宣传部命名的全省农村文化建设先进单位等。博物馆设有5个陈列展厅，即“朱熹圣迹彩塑馆”“朱熹生平展览馆”“民军卢部文物展览馆”“文物精品展览馆”“红色苏区展览馆”。展品实物有新石器时期、商周时期、宋代出土器物、玉器、陶器等700多件珍贵文物；红色苏区文物、朱熹、民军卢部文物等200多件。

朱熹塑像广场：朱熹塑像高9.15米，寓意朱熹农历九月十五日诞生，塑像坐南朝北，通高13.55米，底座高3.9米，寓指朱熹于1200年农历三月初九逝世，基座高0.5米，寓指朱熹五岁入小学。这个塑像是由艺术家叶宗镐先生设计，叶宗镐先生曾经担任江苏省美术馆一级美术师、江苏油画雕塑院院长。

朱熹雕像（尤溪县文体与旅游局/提供）

南溪书院：南溪书院的前身是郑安道（义斋）的水南别墅。整个建筑群为二进式重檐歇山顶木构建筑，主体建筑依次由开山书院、韦斋祠、瘗衣处、文公祠、半亩方塘、活水亭、镇山书院等所组成。结合历史格局与现状，设计的景观格局：书院前恢复里坊街道；滨水处恢复画卦洲、青印石；书院内根据建筑格局的调整，重建半亩方塘与活水亭，在毓秀亭前布局小广场以供祭拜。

开山书院：开山书院是南溪书院的重要建筑群之一，入口以具有尤溪特色的竹子夹道，建筑为三进式单檐歇山顶木构，山门则为重檐悬山顶木构建筑。建于古代的开山书院的办学目的，主要是传播朱子学说和正统的孔孟之道。

四

梯田之情与韵

福建尤溪联合梯田

（一）闽中的地方民居

客家土楼的雏形——土堡古厝

尤溪土堡古厝，是在特殊的历史时期、特殊的地理环境、特殊的社会形态、特殊的生产生活空间中所产生出的防御性乡土建筑，是封建社会动乱的产物。尤溪人把“老房子”称为“古厝”，历史上，尤溪土堡古厝遍布乡村，据史书和各姓族谱记载，尤溪曾有大小土堡数百座，现存110多座。尤溪土堡呈多台基、高落差、多进式、多层次的建筑风貌。土堡大多依山构筑，基本特征是建有高大、厚实的堡墙，墙上筑有跑马道和碉式角楼，墙内建有祖堂、厢房、护厝、厨房等建筑单元。

尤溪土堡的建筑结构，主要有两大部分和六小部分。大结构：一是堡墙的土结构，二是堡内的木结构（有架梁、斗拱、穿斗、抬梁、隔架、补间辅作等）。小结构部分：一是碉式角楼，二是土堡门洞，三是排水系统，四是屋架和屋面，五是跑马道，六是土堡台基。

土堡，是我国防御性乡土建筑中的一枝“奇葩”。尤溪土堡以大型土堡居多，另类、绮丽、奇构，且拥有内涵丰富的建筑文化，在我国防御性建筑中独树一帜。土堡的主要特征为高台阶、多台基、多重天井构筑，并衍生出堡屋、堡楼、堡围、堡居、土堡与兵营等防御性建筑。

土堡堡墙的防御功能。堡墙，是土堡安全的保障，也是土堡建筑安全最重要的特征。墙的夯打技术好坏、厚薄、坚硬程度，基础牢固与否，直接影响到土堡及人身的安全。

碉式角楼的防御功能。碉式角楼是整个土堡防御的重心，其主要目的是观察周边敌情，占领防守制高点，以打击来犯之敌，防止敌人靠近土堡，尤其是打击对堡门破坏的匪寇。

斗式条窗的功能。土堡上的窗户主要有漏窗、真棂窗、支摘窗，其中斗式条窗是土堡等防御性建筑的独创，主要用于隐蔽观察和射击。

竹制枪孔等防御功能。竹制枪孔布满了堡墙的各个地方。在防御和射击时，只要把枪对准竹制枪孔，调整角度即可打击不同方向的来犯之敌。

跑马道的防御功能。跑马道是土堡的生命线，是整个土堡最重要的防御设施，这条生命线连串着打击死角、保护堡门、控制要位的角楼，打击靠近土堡贼寇的斗式条窗和竹制枪孔，浇灭火攻破门的注水孔等防御设施。

门洞的防御功能。土堡门洞是整个土堡的生命之门，也是土堡防御中最薄弱环节，一旦堡门被攻破，堡内的一切身家性命、财产粮食将遭毁灭性的打击。为此，土堡堡门为大块岩石所砌，券顶上安置注水孔主要是浇灭火攻、焦油烫伤匪徒之用。

防御设备。土堡的防御武器有火铳、九龙鞭、九节鞭（九龙炮）、台炮、鸟铳、竹制弓箭。

台溪乡书京村书京土堡（尤溪县联合镇/提供）

（二）浓郁的地域风情

1. 梯田节庆习俗大观

• 尤溪主要节庆

尤溪主要传统节日（张永勋/制作）

春鼓迎春：春天的鼓声，也被称为“钟鼓”，在尤溪非常流行，在大大小小的村庄都可以看到。在尤溪的农村，祖屋都配备一个低音鼓和两个锣。人们把鼓当做“房心”，把锣当做“厝胆”。春节期间，从正月初一到十五，各房都要敲响“春鼓”，迎接新春的到来，祈求岁岁平安。遇上各族姓的重大祭祀活动也要敲打，作为祭祀仪式的响器，以营造气氛。春鼓的乐器只有三种，即大鼓、大钟锣、小钟锣各一件。春鼓的乐曲很简单，只有三个乐句，每个乐句各有上下两个对仗句。锣鼓点为：①嘭嘭、点点、嘚——，点点、嘭嘭、嘚——；②嘭点、嘭点、嘚——，点嘭、点嘭、嘚——；③嘭、点、嘚——，点、嘭、嘚——。如在行进时演奏春鼓，只需两个人。将大鼓和小钟锣挂在一根扁担或棍子的前头，后头吊一秤砣或砖头，由其中一人挑着边行走边打奏，另一人则打奏大钟锣，起着一种开道锣鼓的作用。

鞭牛迎春：自唐宋以来，尤溪就有在春初打牛的习俗。并且由官方主持，有其固定的仪式。立冬过后，塑造土牛和句芒神（句读勾gou音）；立春前一天下午，迎接土牛和句芒神到衙门前的仪门；立春那天清晨，鞭牛仪式正式开始。县令身着官服，手执彩仗，面向土牛念“祈福祝文”，后绕牛一周，用彩杖击打牛身三次，而后百姓围上去，用棍把土牛打成土屑。儿童们则拍手唱起童谣：“一鞭鞭，鞭牛头，风调雨顺好年头；二鞭鞭，鞭牛身，财气福气伴一生；三鞭鞭，鞭牛尾，健康长寿过百岁。”仪式结束，百姓竞相把细土带回家，撒在自家地里或院子里的树木花草中，表示接到春、接到福。

鞭牛接春仪式（尤溪县联合镇/提供）

天公送春：在尤溪，正月初九有祭祀天公的习俗，从古至今，连年不断。天公即玉皇大帝，农历正月初九则是玉皇大帝的生日，即所谓的“玉皇诞”“天公日”，亦称“天日”。民间祭天公仪式，大多从初九的凌晨开始，一直到太阳升起为止。初九前夕（初八晚），全家大小必须斋戒沐浴以表庄严敬畏。一大早，各家各户都在自家正厅前面的大埕（庭院），放置一张八仙桌，摆上香、烛、茶、酒和供品。现今住进楼房，就将香烛供品摆设在阳台上。供品主要以清素斋品为主，有“五果”（柑、橘、苹果、香蕉、甘蔗）、“六斋”（金针菇、木耳、香菇、菜心、豌豆、豆腐），还有切面（或线面）、白粿和鲜活的鲤鱼。到了时辰，全家整肃衣冠，按尊卑挨次上香，对着上空顶礼遥拜，然后烧天公金（俗称大金），燃放鞭炮，而后把鲤鱼捧到池边或河边将其放生。

清明节：清明节时，气候清爽温暖，草木开始萌发新枝芽，万物开始生长，在清明节这一天，人们到野外去采刚盛开的野花并带回家插在花瓶里，也有人在门口插上杨柳条，叫做“插柳”“接春”。妇女们上山采一把清茶带回家，沏上一壶“清明茶”，俗称“饮清明茶可以明目”。清明节的应节食品是“艾粿”或“咸粿”。此外，清明节尤溪人会到逝去的亲人坟前扫墓祭拜。

立夏节：立夏是夏天的开始，习惯上把它当作气温显著升高、炎暑将临、雷雨增多、农作物进入生长旺季的一个重要节气。这天农家要煮红糟肉笋佐餐，吃糯米饭和粳米笋馅粿，寓意丰收满堂红，吃了有脚劲，俗称“接骸骨”“接脚力”。有的乡村还舂粳米粿包笋馅、菜馅为食，叫夏粿。

耕牛节：农历四月初八为耕牛节，有的乡镇称牛生日（如联合镇），有的说是牛吃仙桃的日子（如新阳镇）。这天，农家不役牛。清晨，早早地就将牛放到野外吃草，以求牛长得健壮。民间这天要食光饼（面粉做的烤饼），已出嫁的女儿要给娘家人送咸、甜两色光饼。咸光饼较酥脆，甜光饼较软，称“征东饼”。据说这天吃光饼可防蛀牙。城关亲戚之间也有互相馈赠包子或糕饼的。

天贶节： 农历六月初六，尤溪人一般说“六月初六，小鬼晒药”。这天大多是烈日当空，气温较高，天气干燥，便于晾晒衣被、书籍，以去除蛀虫蠹鱼，利于健康。因此，这一天，尤溪各地都有曝晒全家衣服、棉被之俗，读书人则晒诗书字画，以期终年不霉不蠹。按习俗，家中备有寿衣、嫁妆的也在这一天取出日晒，其他日子是不能见天日晒的。要是这天遇阵雨，打湿了小鬼的药，这年就会平安无恙。是日，又是农村的“尝新日”，谚曰：“六月六，吃新禾。”早稻刚收，碾米做饭，以迎丰年。

中元节： 中元节，尤溪人俗称“七月半”，即农历七月十五日，又称为“鬼节”。原为宗教节日，追祭祖先亡灵。尤溪人十分看重“七月半”，将七月初一至十五日，均作为“七月节”。据说古代乱世时，百姓避乱山区，不同姓氏的人患难相逢，情同手足，轮流过节。所以，至今尤溪民间过“七月节”的日子都不相同。这个节的主要活动是到祖祠祭祀祖先，怀念亡灵。不同村落不同姓氏，祭祖的时间也不相同，初一、初九、十三、十四、十五，都有祭祖的。据说祖先亡灵必在这段时间里回家一次，因此，祭祖必不可少。备祭祖供品时，则杀鸭、舂粳米稞、炊咸籼米粿或九层粿。

秋社日： 秋社日在立秋后第五个戊日。秋社与春社相对而言，春社祈年，秋社欢庆丰收。这日，农家聚会，祭祀土地公，酬谢他赐给人间丰收年。这在过去“靠天吃饭”的农耕社会中，农民在春耕之前和秋收之后，为了祈祷和感谢“天”“地”的恩赐，便祭祀土地神。当年秋社日前有亲人亡故的，在临近社日前几天，择日祭新坟。

立冬节： 标志着冬季的开始，一年的田间劳作的结束。立冬过后农民开始转入水利基本建设和其他农事活动。吃“交冬糍”庆丰

伏虎岩庙会（尤溪县联合镇/提供）

收，中草药炖肉“进补”。

伏虎岩庙会：每年农历二月十七是联合伏虎岩庙会，是联合镇乡民的一大盛事。从宋至今，已有800多年的历史。二十七日佛会正式开始，实际上二月初一相关仪式已经开始，如斋戒、前往伏虎庙迎取香火、道士做普度道场等。祈求全年免遭虎害，风调雨顺，五谷丰登，乡邦安宁，梓里和平。

- **习俗**

尤溪以山地为主，农田主要是分布在山坡上面积狭小的梯田，有的面积小到只能插三五蔸秧，有“一顶斗笠盖三丘”的说法。这种自然条件下，尤溪人逐渐形成了一定的生产习俗。

起田头：新年伊始，择吉日起田头，即在自家田地里“动土”，挖上几锄，点上香，压上数条白纸，以谢土地神，祈求丰收。

插秧第一天：插秧人早餐要吃两个鸡蛋，全家每人陪吃一个，并佐以粉干、酒、菜肴，俗称“莳田蛋”。

插秋：立秋那一天农家系白纸条于竹竿尾，插于田间。同时备粿或饭团、猪肉到田头祭祀土地公，祈求丰收。

驱鸟兽：在田间地头插上稻草人，以图镇吓鸟雀。稻子、番薯将熟时，为防野猪拱吃，便在田中装置竹响，利用水力自动地发出有节奏的声响，以惊吓野猪。

吃新：每年吃第一餐新米，择吉日，盛一碗新饭供祭福德正神(本家土地)，以示谢恩。

谢猪情：过去尤溪人生活不富裕，养猪不易，吃肉也少。猪养大宰杀后，便煮“鸭祭血”分送邻里尝食，而且还要办一桌酒菜，请亲友们聚一次，改善伙食。另外，还将鲜肉分给一些亲戚。

2. 金鸡山上的民歌

地方歌谣是地方人民在长期的生产生活过程中口头创作的，最贴近生活的一种艺术形式。联合镇金鸡山脚下的梯田区人民世代流传着许多山歌，山歌的歌词里蕴含着当地许多农事活动的信息。尤溪的《农事季节歌》中详细描述了当地农民每个月应该从事什么农事活动，主要种植什么农作物。除了《农事季节歌》以外，当地流传的《耕田歌》《十二月节

山歌、农谚和诗词集

气推天令》《十二月花节歌》《放牛歌》等山歌也反映了当地的农事活动、动植物种类和生长季节。

3．农谚俗语话耕读

农谚是地方人民在生产过程中总结出来的农业生产经验，简单押韵，朗朗上口。联合镇的农谚较全面地展示当地农业特征，如“金窝银窝，比不上自家的山窝”“想知山中事，推问砍柴人”反映了尤溪联合镇的山区农业特点；“点灯惜油，种田爱牛”说明牛对当地的农业活动十分重要；“清明前后，种瓜种豆”“清明清，麦秆金”反映不同季节的农事活动；“不怕七月十五鬼，就怕七月十五水”反映尤溪农历七月中旬下雨对农作物的危害；“冬吃萝卜夏吃姜，不劳医生开药方”阐释了不同季节合理饮食对身体的保健作用。

三十六行，种田头一行。

人养地，地养人，土地公不会看轻人。

山是一步一步登上去的，田是一丘一丘开出来的。

有好田边免争水，有好邻居无是非。

人不误地的工，地不欠人的粮。

万物土中生，全靠两手勤。

冬翻金，春翻银，临栽禾翻地少收成。

牛闲四月八，人闲五月节。

4. 联合人的崇拜与禁忌

• 崇拜

在尤溪人们的心目中天公（玉皇大帝）是至高无上的，所以人生重大喜庆，如结婚、生子、做寿、乔迁等重要事情，都要举行谢天之仪礼。

崇拜伏虎禅师神。伏虎庙会从南宋时流传至今，仪式相当隆重。主要是因为宋代尤溪虎患严重，伏虎禅师是人们心目中驱虎的神，崇拜他可以减少虎害。

• 禁忌

正月初九"天公送春"，这一天尤溪人有许多禁忌，早晨起来洗脸后，洗脸水不可倒入污沟、地角，恐污了天公的脸；当天，露天场所不可打扫，屋内的垃圾不可拿出去倒掉；小孩子不可以在露天场所小便，否则对天公不敬；女人内裤不可放露天晾晒，以防阴阳相冲；农民不可挑粪，也不可在池塘洗便桶，恐怕污了天公和天神。

祭天公（尤溪县联合镇/提供）

每月初一、十五日和分龙日（夏至后的第一个辰日），禁挑尿桶。尤其是分龙日前夕，族长和更夫鸣锣通报，“明日分龙，勿挑尿桶，以免亵渎神明”。

正月初十俗例为“地生日”。该日禁动土，不挖地。四月初八“耕牛节”，禁役牛。立秋日不薅草，处暑日不铲塍，意谓农事季节不能拖得太迟。

伐木工上山伐木前不出声、不讲话，伐树时，在树头顺山处砍出缺口后，人即转至其上方砍斫。

5．没有规矩不成方圆

- **村规民约**

尤溪梯田的农事劳动基本靠人畜力，尤其是秋收时，靠人力将田里的稻子挑回家，路是公共的。因此，每年秋收前，各村都有约定俗成的修路日，劈去路两旁的芜杂，填平路面的沟坎，以便收割时挑谷回家好走路。

水是农业生产中最重要的因素，修复用于灌溉和排水的沟渠系统是村规民约中的另一个重要内容。根据村规民约，所有家庭每年都必须参加沟渠建设和维修。每年冬春季由村民小组组织村民义务修筑、清淤、劈草，确保农业用水；村民自觉服从村长对生产用水的计划和分配，发扬互相礼让精神，制止打架斗殴等用水纠纷行为发生。每年农历腊月二十四日组织村民整治打扫房前屋后、村主干道的环境卫生。

村里还有许多促进村民团结和谐的规章制度。联合梯田里的每一个村庄，通常都具有互相迁就的精神，避免发生纠纷和争斗。这种约定俗成的村规民约保证了农业生产活动的正常进行和邻里之间相互配合的社会关系，也是促进社会和谐稳定的重要方式。

- **你我紧相连**

共用耕牛：由于尤溪县人多地少，每人平均所拥有的耕地面积不足0.067公顷（1亩）。如果每户都养一头牛，那么农户的牛很长时间都用不到，而且养牛既昂贵又费时。因此，联合梯田几个家庭一起养一头牛是很常见的，这样可以降低成本，最大限度地利用畜力。

相互帮工：梯田面积小，坡度大，需要大量劳动力，因此一个家庭很难在最佳收获时节将自己家的活干完。互助的传统可以通过有效地利用不同家庭劳动力来解决这个问题，因为海拔不同，水稻的秧苗移栽和成熟时间不同。当一个家庭开始移栽秧苗或收割时，而另一些家庭还没有开始移栽或收割，其他家庭将帮助这个家庭干农活，反之亦然。互助传统保证了梯田农活的正常运行，维护了人与人之间的和谐关系，保证了梯田系统的稳定。

（三）深厚的理学文化

1. 诗词歌赋话古今

诗词是文人对地方自然景观和人文活动的艺术化表达，诗词描述的内容是对地方事物的真实写照。自唐代建县以来，不少诗人到尤溪留下许多诗文，如唐代韩屋在其诗《自沙县抵尤溪县道中》写到“水自潺湲日自斜，尽无鸡犬有鸣鸦”，反映当时尤溪人烟稀少。宋代朱松的《七月四日宿丹溪道中》写到“日出露芒重，凉生风叶翻。秋粳已照眼，社酒欲香村。牛下草莱湿，人归园屋昏。个中吾不浅，扰扰与谁论”，描述了七月尤溪粳稻良好长势和人们勤劳的画面。

南宋著名的理学家朱熹诞生于尤溪，所以尤溪又被称为“朱子理学文化名城”。朱熹是中国著名的理学家、哲学家、教育家、诗人，闽学派的代表人物，儒学集大成者，是唯一非孔子亲传弟子而享祀孔庙，位列大成殿十二哲者之中。其农学思想源于尤溪，并对尤溪农耕文化产生一定的影响。并在尤溪留下了大量的文学作品，其中许多作品都描绘了尤溪当地的农业生产活动。如朱熹的诗《挽蔬园》“未觉闲来岁月频，荷鉏方喜土膏匀。连畦已放瑶簪露，覆地行看玉本新”描写了闲来荷锄整地的情况，蔬菜生长旺盛的景观。朱熹的《苦雨用俳谐体》写到“仰诉天公雨太多，才方欲住又滂沱。九关虎豹还知否，烂尽田中白死禾”反映了当地水稻会受雨灾，常会发生虎豹之患的景象；朱熹的《和喜雨二绝》中“黄昏一雨到天明，梦里丰年有颂声。起望平畴烟草绿，只今投笔事农耕”描绘出久旱逢甘霖的喜悦和雨后大地重现生机的场景。

朱熹像（尤溪县联合镇/提供）

宋代以后，也有文人留下了一些反映农耕文化的作品。如清代焦长发诗《小重山 · 观稼》“秧尖攒水绿纵横，扶犁去，驱犊带云耕”描述了一幅稻秧在水田里随风飘动，农民扶着犁驱赶着牛犊在田间耕作的景象。清代焦长发诗《山行见菜花》“春郊多秀色，到处菜花黄。陇麦青青外，微风一阵香”反映了春季油菜和小麦是尤溪梯田常见的作物。清代毛清士的诗《捣练子 · 阅耕三首》“当麦熟，又秧青。处处农夫济济耕。不用田官三嘱咐，只闻鸟语五更鸣。兄折甲，弟分苗。终日纷纷屈着腰。转盼郊原青绿遍，惊心不禁落花凋”反映了尤溪当时小麦与小稻轮作的种植制度和在农田劳作的场景。

朱熹经济思想核心的内容是重视农业生产的发展，限制豪家大户的土地兼并，减轻农民的赋税负担，节约财政开支。《朱熹集》中的三篇《劝农文》就是他重视农业生产思想的体现。他谕示乡民："惟民生之本在食，足食之本在农，此自然之理也。若夫农之为务，用力勤，趋事速者，所得多；不用力，不及时者，所得少，此亦自然之理也。"（《朱熹集》卷九九《劝农文》）他强调，要不违农时地从事农田生产，依节次加强田间管理，协力兴修陂塘水利，趁时种植粟麦麻豆等杂粮，多种桑柘麻苎，养蚕织纺，还要保护耕牛，捕杀象兽。他还发布过劝谕绿化的《约束榜》，要求"多取小木，连本栽培，以时浇灌，务令青活。庶几数年之后，山势崇深"（《朱熹集》卷一〇〇《约束榜》）。尤溪是个山区农业大县，朱熹的这些劝农思想与措施，对尤溪发展农业生产、绿化荒山庭院有着积极的指导意义。

尤溪人重教兴文的传统有着悠久的历史。古时，官办有学宫，民办有私塾，宋宝祐年间有书院，元明两代有官令民办的社学，清代有书斋、书馆、学堂，近代有新学。据明清所编《尤溪县志》《八闽通志》记载，尤溪县历代多有登科第功名的。宋代有进士76人、特奏名和释褐进士34人，元代有进士4人、荐辟1人，明代有进士17人、荐辟16人、举人21人、各种贡生308人，清代有进士1人、举人33人、各种贡生638人。这些人多曾任官受职。

朱熹生活的南宋朝对教育是极其重视的，不仅有正式的学校教育，而且有非正式的家庭教育和社会教育。学校教育不仅有官办的学宫，也有民办的私学、书院。蒙学阶段的私学，以识字教育、日用常识教育和伦理道德教育为主，目的在于化民成俗；专经阶段的私学，有以传承师法家法为己任的学派性私学，有以科举制艺为宗旨的应举私学，还有以传播学术、科技为目的的学术性私学。家庭教育除了进行初级阶段的文化知识教育外，还对子女进行伦理道德知识的教育，这些内容主要通过家规、族训、宗戒、家礼等形式进行理学传统的启蒙教育。南宋的社会教育则通过祭祀孔子及儒学大师等各种文化活动，官方的劝谕、榜文，皇帝及各级官吏的诰、箴、谕、旌表等，进行劝农桑和封建伦理道德教育，营造崇文重教的社会氛围。

朱熹作为封建社会影响深远的思想家和教育家，不仅集诸儒学术之大成，而且集教育思想之大成，以致在整个封建社会后期的学校里出现了非朱子之说不言、非朱子之书不读的局面。他不仅编辑了大量的教材，还修复和创办了不少的学校。他编写的教材有《小学》《四书章句集注》《家礼》《近思录》《诗集传》等，修复的书院有白鹿洞书院、岳麓书院，创办的书院有月泉书院、五峰书院、观澜书院、寒泉精舍、云谷书院、同文书院、武夷精舍、考亭书院、石湖书院，讲学过的书院有稽山书院、龙津书院、明善书院、月林书院、樊川书院、南湖书院、魁龙书院、南轩书院、云兴书院。他还亲自制定了《白鹿洞书院揭示》，明确地把“父子有亲，君臣有义，夫妇有别，长幼有序，朋友有信”列为“五教之目”。

整个封建社会，尤溪的私塾、书馆、书学遍布城乡。古时的私塾大约可分为三种类型：一是大村落或大姓宗族为培养下代读书，用宗族公有田产的一部分为经费聘师授课的义塾；二是村落中想让子弟读书识字的家长们，各出银或米若干，推举一人为馆首，聘请士子文人来村设塾；三是没有任官授职的士子文人在自己家中或村中的祠堂庙宇设立书馆书斋，招青少年入学，由学生交纳薪金。所用的启蒙教材有“四书”和《三字经》《百家姓》《千字文》，辅以《包举杂字》等。程度较高的学生教材有《四书集注》和“五经”，辅以《幼学琼林》《声律启蒙》《龙文鞭影》《千家诗》等。据1989年《尤溪县志》载，“清代的书斋有：十二都的洋中斋、十四都的西洋斋、十六都的玉泉斋、十七都的洋中斋、十八都的象山斋、廿二都的松轩斋、德馨斋、文华斋，廿四都的蓬山斋、廿五都的至上斋、廿八都的蓬莱斋、廿都的隆山斋、五十都的井龙斋等”。民国期间，随着新办小学的发展，私塾逐渐减少。至民国三十八年（1949年）6月，全县仅有私塾19所。

尤溪崇文重教的传统至今不变，教育质量不断提高。每年都有大批的学子考上大中专学校。各乡镇都有取得硕士、博士学位的优秀人才。现在没有一个家庭不重视对子女的教育的。为了让子女能进城受更好的教育，许多农村的家长都不惜重金，选择进城买房定居。这种深厚的文化积淀，足以显见朱熹重教兴文思想的影响。

朱熹的一生，从政的时间不长，前前后后加起来不过八年零十个月。但他恪尽职守，清廉为官的节操还是汗青留名的。他虽长时间奉祠在家，但他不仅不忘世事，更敢于对国事提出明确的建议。他曾多次上奏封事、奏札，建言献策，提议治理天下要“恤民”“省赋”“治军”“正朝廷”“立纪纲”“厉风俗”“选守令”。就是对皇上，他也执意劝之须“正心诚意”，远小人，辟宠佞。他对“民贫兵怨，中外空虚，纲纪陵夷，风俗败坏”的现象十分痛心；对有势力、权幸之辈的“侵欺之奸”和“盗窃之计”极其痛恨；对为大臣者“不爱惜分阴，勤劳公务”反而“从容偃仰，玩岁愒（kài）日”的行为深恶痛绝，以致“心胆堕地”。他提举浙东时，不畏权势，先后六次上状弹劾赃官台州知州唐仲友，声震朝臣。

朱熹从政，能够为民谋利，反对与民争利。在同安任上，在漳州任上，为了抑制豪强、均税贫富，他力主“政经界”，奏请蠲免经总制钱；知南康军时，他奏请减免星子县税钱；为赈荒救灾，他竭尽心力，设社仓，雇劳役；为治国兴邦，朱熹为政以德思想对入仕邑人的影响很深。许多进入仕途的尤溪人，能不忘朱熹训诲，恪守官德，保持名节，造福一方，可见道学的深入人心。

循理守礼的民风源于朱熹的推崇。朱熹十分注重礼仪规范，不仅身体力行，倡导教化，而且亲自编撰了《家礼》作为小学的教材。他在《家礼》序中指出：“凡礼有本、有文，自其施于家者言之，则名分之守、爱敬之实，其本也；冠婚丧祭，仪章度数者，其文也。其本者，有家日用之常，礼固不可以一日而不修；其文，尤皆所以纪纲人道之始终，虽其行之有时，施之有所，然非讲之素明，习之素熟，则其临事之际，亦无以合宜而应节，是亦不可以一日而不讲且习焉者也。”朱熹认为，家礼的作用在于“谨名分、崇爱敬”，以“修身齐家”“谨终追远”。

虽然，经过时间的推移，朱子《家礼》在尤溪民俗中已发生了嬗变。尤其在“文化大革命”中，几乎所有的家礼规范都被视为“四旧”而被扫进“历史的垃圾堆”。但朱子《家礼》的基本仪节至今仍然保留在民间的婚礼、丧礼、祭礼中，通礼和冠礼，已不在俗礼中见传。冠礼已演变成如今的成人礼。而且，通礼中的祠堂制度和深衣制度也由于社会的变更而逐步被淘汰。居家杂仪中仍有生命力的内容多通过家中长辈言传身教而得以流传，且在流传中按现在的价值观逐渐予以继承和改造。

尤溪民俗中的婚礼、丧礼和祭礼，受朱熹家礼的影响较深。民间在结婚、治丧、祭祀中仍然保留有朱子家礼的有关仪节。如：婚礼中的纳采、问名、纳吉、纳征、请期、亲迎、婚礼、新妇见公婆及亲友、回门；丧礼中的初终、装殓、报丧、奔吊、送葬、安葬；祭礼中的家祭、庙祭和墓祭。虽然这些家礼随着社会的变革而趋于简约，但基本的仪节还是相同的。

忠孝爱亲的伦理得益于朱熹的训诫。南宋中期，纲常破坏，礼教废弛，官场贪风日盛，道德沦丧，人们精神空虚，理想失落，社会动荡不安。为了稳定国家秩序，加强家庭和社会的凝聚力，以拯救社稷，拯救国家，朱熹毕其一生，倡导以“存天理、去人欲”为内容的道德修养来重整伦理纲常，重树道德规范，重构价值理想，重建精神家园。朱熹的伦理思想包括他的理欲观、义利观和三纲五常思想。

朱熹的理欲观，其核心就是扩充天理，除尽人欲。他以天理为准则，在肯定人的合理欲望的基础上，节制违背天理的人欲或私欲，主张天理与人欲的对立，提倡存天理灭人欲，并将存天理、灭人欲作为道德修养的最终目的。在朱熹看来，伦理道德意义上的天理就是仁义礼智道德原理的总称，天理不仅表现为四德，而且体现为人伦，父慈、子孝、兄弟悌、夫妇敬，都是天理的自然。

朱熹的义利观，其核心就是重义轻利的价值观，和他的理欲观有着密切的联系。他指出："循天理，则不求利而自无不利；殉人欲，则求利未得而害已随之。"（《孟子集注·梁惠王章句上》）在朱熹看来，义是"天理之所宜"，利是"人情之所欲"（《论语集注·里仁第四》），君子讲义，不当得就不取。朱熹用"义利"来调整社会各种矛盾，倡导重义轻利，要求人们谨守"天理之所宜"而不去追求不当得的各种利。"见不义之财勿取，遇合义之事则从"（《朱熹外集》卷二《家训》）这种价值观影响了中国社会数百年的价值导向，至今仍有其积极的意义。在欲望和诱惑横行的现在，如何做到"君子爱财，取之有道"，如何时时告诫自己"手莫伸，伸手必被抓"，如何坚持节操，守纪守法，不应该从朱熹的"循天理之所宜"中得到启发吗？那些弄虚作假、以次充好、弄巧耍奸、不守诚信、伤天害理等破坏经济秩序的不义行为，不就是我们所要摒弃的吗？

朱熹又把三纲五常纳入"天理"的范畴，提出"君臣、父子、夫妇、长幼之间，应对、酬酢、食息、视听之顷，无一而非理者亦无一之可紊，一有所紊，天理丧矣"（《朱熹集》卷四十五《答廖子晦三》）。三纲，即父为子纲，君为臣纲，夫为妻纲，与之相对应的孝、忠、节等道德规范；五常，即仁、义、礼、智、信。谨守三纲五常，便是朱熹所倡导的伦理道德。

而朱熹的一篇《家训》更是把三纲五常具体化了。"父之所贵者，慈也；子之所贵者，孝也。君之所贵者，仁也；臣之所贵者，忠也。

兄之所贵者，爱也；弟之所贵者，敬也。夫之所贵者，和也；妇之所贵者，柔也。”指出了家庭成员之间各自应尽的道德责任和角色义务，构建了彼此关怀、相亲和睦的理想家庭图景。“事师长，贵乎礼也；交朋友，贵乎信也。见老者，敬之；见幼者，爱之。有德者，年虽下于我，我必尊之；不肖者，年虽高于我，我必远之。慎勿谈人之短，切勿矜己之长。仇者以义解之，怨者以直报之。人有小过，含容而忍之；人有大过，以理而责之。”则指出了和谐相处的人际关系。“勿以善小而不为，勿以恶小而为之。人有恶，则掩之；人有善，则扬之。处公无私仇，治家无私法。勿损人而利己，勿妒贤而嫉能。勿逞忿而报横逆，勿非理而害物命。见不义之财勿取，遇合义之事则从。诗书不可不学，礼义不可不知。子孙不可不教，婢仆不可不恤。守我之分者，理也；听我之命者，天也。人能如是，天必相之。此乃日用常行之道，若衣服之于身体，饮食之于口腹，不可一日无也。可不谨哉！”这些“金句”指出的是自身道德修养的原则。

2. 经典对联

立春是一年中的第一个节气，尤溪人非常重视这一节日。接春时，各家各户在正厅或厨房点烛上香，门前插青（带叶的竹枝、松树枝），鸣炮迎接。有的人家还在门口贴上对联：“春为一岁首，梅占百花魁。”

光裕堡，书山邱氏土堡之一，位于尤溪县台溪乡书京村，建于清朝道光三十年（1850年），已有160多年的历史，光裕堡由邱氏先祖长厚公祖孙三代建造而成，具有居住、防御两项功能，大门用铁皮和铆钉加固，两旁的对联为“光前集百福，裕后庆千祥”，当时县令亲笔题写了“宽厚流风”的横批匾额，还高高挂在正门上，永远保持着雍容和显贵。

五

梯田之技与艺

福建尤溪联合梯田

（一）联合人的独创农具

稻作农具是水稻种植技能和水稻农业生产发展水平最重要的指标之一，同时稻作农具随着水稻种植技能的提高和水稻农业生产的发展而不断演展，具有轻便、原料就地取材、多种用途等特点。联合梯田生产农具的演变与以手工作业为主的精耕细作密不可分，人们创造了许多特有的稻作农具。

1．梯田翻耕农具

联合梯田山势陡峭，车马难行，现代化机械更难作业。因此，联合梯田耕地、耙地主要依靠畜力（水牛）和人力，通过传统农具犁翻耕水田、旱地。水田犁和水牛是联合梯田最常见的农具，传统的水田犁为曲辕犁，此外还有耙、锄头等，主要用于梯田的翻耕，其目的是经过翻耕使得土壤变疏松，利于氧气和其他气体的交换，养分的及时循环使得下层肥力较好的土壤得到合理使用。

曲辕犁（尤溪县联合镇/提供）

曲辕犁由牛轭、犁铧组成，曲辕犁的操作一般需要两个农民与一头牲畜完成，将牛轭套在牛脊背上，一人牵着牛走在前面，另一个扶着犁铧耕地，翻耕过的土块由犁铧后面的横木压碎。曲辕犁能适应深耕或浅耕的不同要求，并能使调节耕地深浅规范化，便于精耕细作，提高了耕地的效率。

旋耕平茬器是利用畜力水田平整和压草的农具，操作的时候需要挂在牲畜脊背上，然后压碎土块将水田进行平整。整平压草器是利用人力进行水田平整和压草的农具。锄头主要是用于开荒或挖田松土等工作的工具，主要是人工操作，手握木把手，将铁制的锄头紧贴地面，进行松土开荒等。

旋耕平茬器（尤溪县联合镇/提供）

整平压草器（尤溪县联合镇/提供）

耖（尤溪县联合镇/提供）

2．田间除草农具

联合梯田所创造的除草农具类型多样，适用于不同的作物与田地的不同区域。埁刀主要用于清除梯田梯壁及田埂内杂草；劈仔又称“双面埁刀”主要用于田埂、梯田壁除草；草耙主要是用于稻田除草。这些除草工具都是需要人工操作的，无法机械操作。

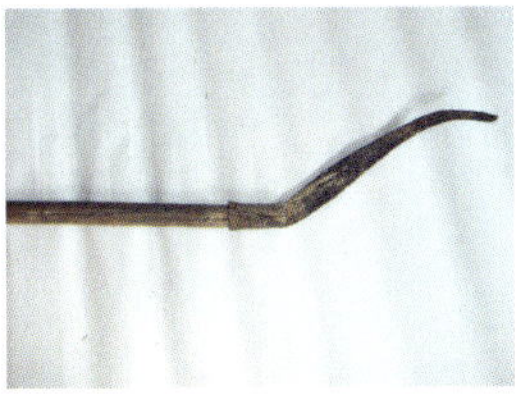

埁刀
（尤溪县联合镇／提供）

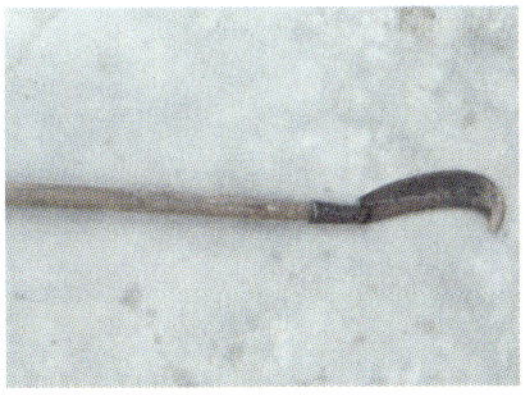

劈仔
（尤溪县联合镇／提供）

草耙
（尤溪县联合镇／提供）

3．作物收割工具

联合梯田的传统收割工具有：镰刀、谷斗、谷筛等。传统的水稻收割方式主要是利用镰刀把水稻在根部割断，用稻秆将水稻捆扎成捆，将成捆的稻谷担回家用谷斗脱粒，然后用谷筛将脱粒过程中产生的碎屑去掉。也可以将成捆的谷子直接在田里用谷斗脱粒，将稻谷摊在晒谷席子上，稍微晒干后装进麻袋再用扁担挑着运回家。

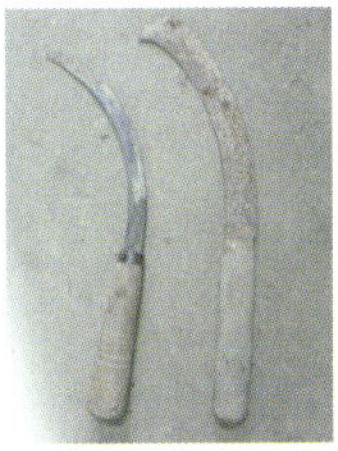

镰刀（尤溪县联合镇／提供）

谷斗（尤溪县联合镇／提供）

谷筛（尤溪县联合镇／提供）

4. 食物加工设备

联合梯田的农民独创了许多用来加工食物的工具与设备，因其主要的原料为水稻，很多食物都是由稻米加工而来的，因此许多加工食物的工具也都是以稻米加工为基础创造的。车碓又名“碓舂”，是舂米用具，有一个棒槌、一个盛器。舂米就是把打下的谷子去壳的过程，舂出来的壳为米糠，用棒槌砸谷子，把米糠砸掉，剩下的米粒为白米。

土砻，亦称“礧子”，是用于稻谷破壳获取糙米的农具，土砻的砻墩是用竹蔑围成的圆柱体，分为上下两个部分，外壳使用竹编围着，里面使用红土做成。土砻的砻齿轮也是竹齿，上下一样，中心有根木头轴心，还要一根“工”字形土砻构杆才能人力推转碾磨。土砻的最上部是装谷物的木桶，木桶底部凿有棱形凹槽，便于谷物

车碓
（尤溪县联合镇/提供）

土砻
（尤溪县联合镇/提供）

舂臼
（尤溪县联合镇/提供）

石磨（尤溪县联合镇/提供）

鼓风车（尤溪县联合镇/提供）

下漏。木桶底部横置一根贯穿桶壁的宽木板，两头各伸出桶外30厘米左右。成为推磨的抓手之物。

舂臼是加工白粿或糍粑等的工具，舂臼、米砻通常配套使用。舂臼是具有凹槽的石头盛器；粗陋笨重的米砻是用竹或木头制作而成的。蒸或煮过的糯米倒进臼内，靠有毅力、有耐性、有舂米本领的人双手紧握舂手，高高地抡起并要稳、准、狠地对准臼心你上我下、上上下下、来来回回、反反复复地舂，靠舂的作用，将糯米的黏性不断地释放出来，然后再制作成块状的白粿或糍粑等。

石磨用于米、麦、豆等粮食加工成粉或浆，由两块尺寸相同的短圆柱形石块和磨盘构成，一般是架在石头或土坯等搭成的台子上，接面粉用的石或木制的磨盘上摞着磨的下扇（不动盘）和上扇（转动盘）。两扇磨的接触面上都錾（zàn）有排列整齐的磨齿，用以磨碎粮食。上扇有两个（小磨一个）磨眼，供漏下粮食用。两扇磨之间有磨脐子（铁轴），以防止上扇在转动时从下扇上掉下来，粮食从上方的孔进入两层中间，沿着纹理向外运移，在滚动过两层面时被磨碎，形成粉末或浆。

鼓风车，又称风扇，去除稻谷皮屑与秕谷。选材多用不易变形走翘的红松、山杨、椿木、椴木等。风车一般通长6尺[①]，风筒长3尺、高1.5尺、宽1.5尺左右，一端与直径约3尺、宽和风筒宽相同的风箱连接并相通；一端敞开为出糠（排风）口。风筒上面靠风箱开进料口、装进料斗；风筒下面靠风箱一侧开出米口、连接出米簸箕，靠出糠口一侧，与出米簸箕并列开碎米出口、连接碎米簸箕。碎米簸箕有插板挡着存储，存多了取出。风筒与风箱以四脚支撑，保持水平，风箱上缘距地面约4.5尺。风箱中心两鼓面上开圆孔用于进风、架轴瓦用于装摇把。摇把上均匀装4个风扇，风扇外缘至风箱内壁2寸[②]左右。

---

① 尺为非法定计量单位，1尺≈33.3厘米。——编者注

② 寸为非法定计量单位，1寸≈3.33厘米。——编者注

风车制作的技术要领是：箱体板厚薄适当，同时兼顾稳重和搬运方便；进风口大小适当，使之与排风匹配，对流通畅；风箱内弧圆滑，扇叶尺寸精确、质地均匀，使之动静平衡；摇把弯成直角与轴杆相连，使之操作便利；箱板拼接对缝严紧，密封性好。

风车的工作原理，类似在自然风下的传统扬场法。不同的是：扬场是将谷物逆风甩出，向前运动中的籽粒，饱满的比重大、惯性大、落点远；秕谷比重较小、惯性小、落点近；皮屑、杂草比重更小，惯性也更小、落点就更近，在风的作用下甚至飘过扬场人。而风车则是谷物碾压后的米（或谷物），从进料口自由落下的同时，借助风扇摇动，加速空气流动产生的风吹过谷物。自然落下的谷物在风的作用下，米或饱满的籽粒比重大、惯性大、落点近，从出米口流出；碎米或秕谷比重较小、惯性也较小、落点稍远，则从碎米口流出；糠麸或皮屑比重更小、惯性也更小，则随风从排风口排出。

5. 其他特色农具

秧桶一般是用竹篾编制而成，带有提手，用来装载秧苗。插秧的时候，需要把秧苗从秧床拔出来装在里面，用手提着或放在水稻田里，方便长时间插秧，相比手握秧苗，秧桶可以节约时间，提高插秧的效率。

蓑衣是劳动者用一种不容易腐烂的草——蓑草，编织成的一种用以遮雨的雨具，不透水也不透风，厚厚的像衣服一样能穿在身上。

编织蓑衣第一步是从领口开始的，领口部位要排列15～16张棕叶，用棕锁缝制领口，然后是领口塑形，用一只圆碗就可以了，领口做好以后是拍打领口，通过拍打让蓑衣领子松软，穿起来更舒服。

第二步是定位，蓑衣定位应先穿针后引线，蓑面和蓑底要靠细线一针一线缝合连缀而成，这道工序当地人叫“刺棕蓑”。制蓑模，

秧桶（尤溪县联合镇/提供）

蓑衣（尤溪县联合镇/提供）

要挑选棕面较宽长的棕片来制模。整件蓑衣好像一只大蝴蝶，两翼略上翘，中间用蓑骨做成圆领口。披在身上，任再大的雨，也不会让人淋湿。蓑衣分上裙和下裙两部分，上裙宽3尺、长2尺，下裙形状像“横轴”，宽3尺多、长1.8尺。“横轴”两边连着两块片裙，作为胸襟，从胸前垂下，把下腿肚围起来。

第三步是缝线，制作蓑衣主要靠拼接，将用棕针将肩部、胸部和裙部拼接起来，要缝制蓑衣，一般要缝制80～90针，衣有表面和里面，两面都要缝线。里面间距较大，粗疏线间距1寸左右，蓑表面缝线却是密密麻麻，没有间距。纯手工制作一件蓑衣要2天左右时间。

（二）从种到收的农耕技术

1．梯田屹立千年的秘密

梯田生态系统作为一种半人工的生态系统，经历了数千年的沧桑变化仍岿然不动，是人与自然和谐相处的典范，在为人们提供经济价值的同时，也形成了一种农村与其所处环境长期动态适应的独具特色的农业景观。

联合梯田是联合镇劳动人民在千百年来历史岁月中凭借自己的聪明才智和惊人毅力所创造的独特文化奇观，是一道人与自然完美结合的壮丽景观。当地人民因地制宜，依山而立，以“天人合一”的理念建成了“水源林—竹林—村庄—梯田—河流”的景观格局。在多年的发展中形成了包括人文、地理、生物和建筑等和谐一体的景观。其中人文景观包括了当地传统的农耕文化及闽剧、山歌和伏虎岩庙会等民俗文化；地理景观包括了分布在金鸡山山腰和山顶的仙人赶石和伏虎岩等景观；生物景观则是毛竹形成的竹海、田地里栽种的作物和林间的香榧等树木构成的景观格局；分布在林间的古寨竹楼和村间的石板小路则形成了当地的建筑景观。联合梯田传统的农耕文化，如稻田养螺、稻田养鱼、竹竿饮水，再融入人文景观让游客前来观赏体验。

从景观的构建来看，从高海拔到低海拔表现为森林（水源林和竹林）—村庄—梯田—河流的农业复合系统，这种构建格局蕴含着丰富的知识体系。首先，依赖于自然地貌的海拔梯度对水资源进行利用，

梯田远眺（尤溪县联合镇/提供）

森林涵养的水源可为农民提供生活用水，然后农民生活用水再排入梯田肥田；其次，森林分布于海拔最高处，也可以减少滑坡、泥石流等自然灾害的发生，保护村庄和梯田的安全；第三，这种空间格局特征一方面与人类生活、作物生长对于水热资源的需求有关，另一方面便于农民上山采集林产品、采伐木材，也便于下山种田、摘菜。

联合梯田的基本模式是在山顶高海拔处种植大片毛竹林，依托山势，在山腰中低海拔处沿不同等高线开辟一层又一层大大小小的梯田，人居山腰处。山腰低海拔所开垦出的梯田，是人类伟大智慧的结晶，最大限度地利用了缓坡上的土地，弥补了山地地形农耕不便的问题。这样做既减少了土石方的移动便于农耕，又可保持水土稳定。农民沿用传统农耕方法，通过种植绿萍、红萍、水浮莲等方式，增加绿肥、农家肥的使用量以增强地力，减少农药、化肥等化学投入品的使用量以达到维护梯田的原始生态环境的目的。

2. 一粒稻谷的前世今生

联合梯田的劳动人民根据常年农作的经验，总结出各种传统耕作技术和知识，保留至今，一些农业耕作与农事活动都是根据经验而进行的，形成了独特的梯田耕作智慧。

例如：清明节，种豆荚和芋头；冬至犁田并向田里撒粪，种植棉花和小麦；农历十二月，收集秸秆灰，为第二年耕田做准备。正月大雪，这一年会丰收；二月多雨，宜种棉花、豆和麦子；四月初八晴，果树会丰收；夏至刮西北风，瓜果蔬菜会因低温受害；立秋不下雨，各种作物都会减产；九月打雷，蔬菜会减产。

水稻从种植到收获的整个过程会经历育苗、育秧、耕地、插秧、灌溉、除草、施肥、收割、晾晒、储存、选种等众多环节，每个环节都需要人的参与，独特而复杂的程序体现着梯田独特的智慧。

育苗：水稻种植的第一步需要先育苗。将去年保留的稻谷作为今年的种子进行育苗，育苗必须经过三个阶段：干燥、浸泡、加速萌发。通过干燥使种子吸收阳光，利用紫外线将害虫虫卵杀灭，去除水分，提高种子的渗透性、吸水性和酶活性，从而提高种子的萌发率和萌发能量，达到出苗的均匀性。将种子浸泡在冷水中3～5天，吸收足够的水分，为下一步的发芽做准备。

育苗第三步是加速发芽，然后再育秧。优质种子是水稻育苗的基础，而快速萌芽是水稻存活的关键。自古以来，当地农民主要用大竹篮或方桶来萌芽，该方法相对简单，易于掌握。在加速萌芽的过程中，先清洗方桶，然后打开一端的软木塞，将另一端稍微抬高一点，以便排水。然后，把浸泡好的水稻种子洗干净，晾干，倒进方桶里，占到桶的60%即可。用稻草、砖或岩石来覆盖在方桶的顶部，起保温作用。根据当地农民的经验，水稻种子的胚（俗称爆芽）萌发前需要较高的温度，以加速萌发，这也是防止或减少萌发失败的关键步骤。萌发阶段的最佳温度大约是40℃。当大多数水稻种子爆芽后，当地农民把这些种子进行翻转并加入更多的淡水，同时保持温度在30～35℃，同时应注意水分调节和维持氧气的供应。经过一晚后，进行第二次彻底的翻转，至此，水稻种子的萌发基本完成。所萌发水稻根的长度是由天气决定的。在良好的天气条件下，水稻出苗的时间应较长，出苗速度更快。当天气恶劣时，水稻出苗的时间将会被缩短，以提高耐寒能力。当秧苗芽长0.33～0.66厘米、根长1.32～1.65厘米时，在良好的天气条件下就可以育秧了。通常选择日照充足、土质疏松肥沃、冬季休耕、土地平整、水资源充足、排水灌溉方便的向阳田作为水稻苗床。

水稻育秧：联合梯田传统的育秧方式是将秧苗移植到苗床上进行育秧，还有一种方式为直播法，直接将秧苗撒到田间进行育秧。

一般在二月初就开始育秧，目前大多数农民采用直播法，少数采用苗床育苗。直接将秧苗撒到田里，然后再对一些出苗稀疏的区域进行人工补充秧苗，这种方法既省时又省力。苗床育苗的主要优点是秧龄短、秧苗壮，省种、省水，经济效益高，秧苗集约化，管理方便，但费体力与时间。

耕地：在土壤准备方面，联合梯田的农民通常采用精耕细作的原则。他们用牛和其他工具，如旋转式犁和耙，耕地和耙田，犁地深度为15～18厘米，耕耘两次甚至三次，确保田埂的高度在35厘米左右，防止肥水溢出。然后，他们将所有的杂草铲掉，把地里的杂草捡起来作为土壤的肥料。

联合梯田耕田（尤溪县联合镇/提供）

插秧：待水稻秧苗培育好后，土地耕耘过后，需要将秧苗移栽到水田中。左手拿秧苗，右手从左手秧苗中分一小份出来，大概3～4根，需要保证不能弄断秧苗。食指和中指钳住秧苗的根部，掌心朝向秧苗，食指和中指顺着秧苗的根朝下，主要是靠手指的力量使秧苗的根部不受损坏，而且能保证秧苗插入泥土中。秧苗和秧苗之间的间距大约是两拳宽，种植密度为90 000株/公顷。需要保持秧苗的竖立，一般插秧深度为2厘米，并且根部以上大概1/3必须在田泥中。插秧的脚步必须是往后倒着走，这样能避免把秧苗踩歪。

灌溉：联合梯田一般采用浅水灌溉和间歇式灌溉两种方式。在水稻插秧早期，水稻根系对水分和肥料的吸收较弱，同时，由于外界高温和大风的影响，水稻叶片蒸腾相对较强。因此，农民们通常

联合梯田插秧（张坤/拍摄）

将田地里的水变浅，以防止秧苗死亡。这就是所谓的浅水灌溉。一般来说，水的深度是稻秧高度的1/2～2/3，不能淹没稻秧的核心。当水稻开始变绿时，农民们选择另一种灌溉方式，即间歇性灌溉。在此期间，灌溉用水的深度保持在3～5厘米，直到水稻根部不需要水或土壤需要干燥。从水稻插秧直至幼穗分化阶段，农民通常会排水和将稻田变干。在白天，水会降低田里的温度，影响水稻的生长。因此，农民需要在日落前一两个小时和日出后一两个小时灌溉农田。农民还需要检查和加固田埂，以防止水的渗漏。

除草、除虫：梯田一般多实行人工除草，同时除病虫防治其危害植株。利用传统的锄头、草耙等农具，通过人力将稻田中的杂草除去。当地在疾病的预防和控制害虫与杂草的传统方法主要为通过冬季翻耕、在田埂上燃烧杂草和稻茬、用手捕捉昆虫，晚上灯光诱杀、撒烟草茎水（本土的杀虫剂）、撒石灰、草木灰以及块状山茶油饼渣等。病虫害严重时，可进行轮作或重新种植。此外，农民可以通过放养鸡、鸭、鹅来减少害虫的危害。

施肥：尤溪县历来是结合翻土施农家肥。第一次中耕除草用农家肥塞蔸，第二次中耕除草撒施土杂肥和草木灰。尤溪县农民历来

闲田里觅食（尤溪县联合镇/提供）

把堆积腐熟的人畜粪与草木灰、火烧土搅拌，作为农作物的基肥和追肥。农家肥肥田的传统也一直沿用至今。适宜施用的有机肥料包括堆肥、沤肥、厩肥、沼气肥、绿肥（如紫云英、红萍等）、作物秸秆肥、泥肥及饼肥等。有机肥以头年稻草还田为主，栽秧前半个月施腐熟畜粪肥。此外，在秋季收获后，牛、鸭、鸡等牲畜散养在部分梯田里，寻找谷物、采集种子和昆虫作为食物，会留下一些粪便。收割水稻时通常不需要将稻草连根拔起，而是在冬天留在地里与牲畜粪便一起发酵，这样可以提高土壤肥力。

收割：一般而言，水稻中早熟品种在8月下旬收割，迟熟品种在9月上中旬收割，而直播品种则在9月中下旬收割。旧时，采用传统手工方式收割。现在，低海拔大块梯田也有用到收割机，以提高收割效率。高海拔梯田，农业机械很难进入，依旧只能依赖传统手工收割方法。用镰刀将水稻从根部割掉，割下来后晾晒1～2天，然后农民站在圆桶或打谷桶周围，手里拿着水稻植株，把稻谷打到方桶或者打谷桶里。

晾晒：尤溪地形崎岖，很难找到大块的平坦地块，每家院子里专门砌出一块10平方米左右的平地，用以晾晒刚收获的稻谷。晒谷以天上出现鱼鳞斑的天气为宜，稻谷以垄沟状铺放在竹帘上晾晒，

联合梯田收割（邱慧敏／拍摄）

晾晒谷时间为日出之后至日落之前，晒谷期间，每过2～3小时用源于当地竹子和木材制作的锹、耙翻动稻谷。晒谷持续2～3天，当地农民会用牙齿咬稻谷，根据响声判断稻谷晒干与否，当稻谷晒干后再装仓储藏。

储藏与保种：由于当地多雨湿润，各家的粮食都放在房屋的阁楼上储存，防止粮食潮湿发霉。稻谷的储藏与保管至关重要。水稻种子收获后到播种要休眠8个月左右，以防止期间出现种子含水量高、被老鼠等偷食以及品种间混杂等现象，给水稻生产造成威胁。主要保种措施如下，①晒干种子：种子含水量的高低是影响种子寿命的主要因素。贮藏时，必须严格控制种子的含水量，旧时，人们鉴别种子含水量的方法是用牙咬种谷，若发出尖脆的响声即为干燥的种子。②贮藏条件：稻种不能与化肥、农药、油类等有腐蚀性、易受潮、易挥发的物品混贮在一起，种子仓库内，要保持5～20℃的温度和一定的通气条件。③贮藏保管方法：农民贮藏种子大多采用散堆、包装，或用仓、柜、桶、缸等存放。有的农家则是分别用布袋装好，悬挂在通风、干燥的屋内房梁上。贮藏时要严防混杂，做好标记。④贮藏管理：贮藏期间，经常检查，及时通风、通气等，避免种子因发热引起霉烂变质。

联合梯田农民会选择最好的稻谷作为来年的种子。种子收获后，需要放在太阳下晒干，或者用绳子绑在干燥的地方，以防止受潮。

3．古人病虫防治的智慧

民国时期，农民使用鱼藤精、砒霜水杀虫；用石灰、草木灰治病。在田里撒石灰、倒桐油，抖动稻丛使害虫掉到水里窒死。这些土方法只能用于小面积防治；遇大面积病虫害便束手无策。民国二年（1913年）秋，部分地区单季稻普遍发生稻瘿蚊灾害，无法控制，几乎绝收。新中国成立后，水稻病虫害防治技术不断进步，实行人工防治、物理防治、化学防治、农业防治、生物防治，大大提高了防治效果。

此外，还通过与以昆虫和杂草为食的动物的套作，稻田养鱼、稻田养鸭、稻田养螺、稻田养泥鳅等来减少病虫害和杂草的生长，以及使用撒石灰、草木灰，撒桐油等方法灭虫。

常用石灰水浸种灭菌，发现散黑穗则剪除；预防甘薯病虫害的办法主要是选用“胜利百号”等抗病良种，发现病害时剪除病叶；果树和茶树的病虫害防治办法主要有冬季清园烧毁带病虫的枝、叶、根，适当修剪并摘除卵块，果树病虫害的防治还有人工捕杀天牛和保护粉虱类害虫的天敌（瓢虫、草螟蛉、食蚜蝇、寄生蜂等）。

4. 保梯田肥力不衰之术

联合梯田的肥田主要采用绿肥和稻草还田的方式。

种养绿肥。紫云英系豆科黄芪属越年生草本植物，俗称红花草籽，含氮量高，肥田效果好。在水稻产区，紫云英是冬季稻田种植的豆科绿肥植物，产量高，既是一种优质的饲料，开花期又是优质的蜜源。一般在3月下旬的盛花期翻犁，用于压青肥田。满江红科植物红萍是一种高固氮、高光效、适应性广、繁殖快、产量高的优质绿肥，目前稻田养萍肥田的面积逐渐扩大。养萍肥田一般在水稻插秧后30～40天，结合第二次中耕除草烤田时“倒萍”。

稻草还田。联合梯田农民实行稻草肥田由来已久，稻草肥田技术一直沿用至今。主要包括低割桩覆盖免耕还田、快速腐解还田和留高桩还田。再生稻留高桩还田比较常见，再生季水稻田放养鸭子为鸭子生长提供谷物饲料，鸭粪也是肥源，鸭子的踩踏也有利于秸秆分解肥田。

梯田红萍（尤溪县联合镇/提供）

（三）精彩纷呈的民间艺术

1. 精湛的民间编织工艺

尤溪盛产竹子，联合梯田的许多农民都能够利用竹子编织工艺品。比较精细的竹编制品有箩、簸箕、筛、笠、盛篮（担礼品用）、凉席、菜罩等。除此以外，还有竹床、竹椅、竹儿、菜罩、鼎筅、竹帚、竹筷等日常生活用品以及竹篾编的篾索、火把等，真是巧夺天工。

联合梯田竹制手工艺品与生活用品（尤溪县联合镇／提供）

席草编的草席和稻秆编的草荐、草鞋是民间最常见的草编制品。最为出名的草席包括“夏阳草席”、苏峰（今中仙乡内）“苏畲席”、善邻（今中仙乡内）“溪坪席”及梅仙镇的坪寨席。编制草席用的草，是生长在涧边崖间的野生岩草和人工塘种植的三角茎席草。野生岩草经煮烫晒干后编成的席具有光滑不吸水、不染污的特点；而由茎席草经劈条后织成的席特别厚实耐用。尤溪的藤编制品包括藤椅、藤箱、藤床等。藤制品经久耐用，最好的是来自管前镇的藤制品。

竹篾编（尤溪县联合镇/提供）

2. 传统的纺织与刺绣

尤溪民间，农家用木织机纺织纻布（又称夏布）的历史悠久，且很普遍，但多供自家裁剪衣料所用，很少用作商品交换。作为商品生产的，以五十都新桥和一都八字桥一带农户为多，尤以新桥夏阳（今新阳镇内）产的为最佳。工艺精细的纻布，轻薄耐用、吸湿易干、结实耐用。过去，农民劳动，喜欢穿纻布衫。纻布还可用以缝制大、小布袋（俗称褡袋、络子），装粮食物品，非常好用。

尤溪民间刺绣，俗称绣花，其工艺比较简单，一般用彩色丝线按选定的图案绣出即成。绣时须用“绣绷”将布绷紧，但如绣鞋花、帽花等小件绣品则不用。常见的绣品有帐楣、家用眠床帐楣（床帐前端有布绣帐楣，下面床边有脚踏板，这就是完整的眠床）。图案多为花鸟之类，有的还绣有诗句；有宫庙用的神龛帐楣，除绣有花草之外，还绣有神祇名称。

传统刺绣服饰（尤溪县联合镇/提供）

横楣：有悬挂在正厅厅头上的额楣和房门上的门楣两种。厅头额楣常绣有“金玉满堂”“富贵吉祥”“五世其昌”“寿比南山”等吉祥语。门楣一般在布置新房时挂上，吉语常绣“美满姻缘”等。此外，在宫庙的神佛像前也悬有绣上神佛名称的横楣。

桌裙：又称桌围，也是民间常见的绣品。桌裙只在祭祀时围在供桌前，平时不用，但宫庙里的供桌则是长年围上桌裙的。桌裙的图案较丰富，有云彩、有龙凤、有花草、有天宫赐福等。

服饰：民间多在衣服的襟摆、裤脚绣上花边图案，也在童帽上绣上虎首图案。妇女则喜欢在鞋头绣上花卉图。尤其是缠足妇女的“三寸金莲”更少不了绣花，因此，这种小鞋又称为“绣花鞋”。

鞋垫：俗称“印底”，即垫在鞋内吸湿护底的布垫。一般用碎布褙糊而成，有3～5层布，再蒙以全布做面，而后用色染的细麻线扎成图案，既好看又结实。图案多为富贵平安、莲花并蒂等。

除了织纻布与刺绣外，民间还有用棉纱织花带子的，这种带子宽窄不一，品种多样，宽的可作裤带，窄的可作系带。另有一种红色的索（绳），可用来编织成喜庆的“结”，也可作为女子的头绳扎头发。

农村妇女自制布鞋时纳鞋底的麻线也是自制的。这种麻线较粗，是用麻丝或苎丝搓成的。搓时，用一块专用的瓦，覆在大腿上，将一缕缕细麻丝放在瓦上搓，即可搓出长长的麻线。

3．手法精巧的剪纸

尤溪民间剪纸大体上有两种类型，一种是窗花，一种是祭品、礼品的饰花。窗花的图案十分丰富，有十二生肖、龙凤呈祥、鸳鸯

多样剪纸（尤溪县联合镇/提供）

比翼、鹊报喜讯、麒麟呈祥、梅花迎春、富贵有余、多子多福、祥花瑞草、如意双喜等。祭品、礼品的饰花多为二方连续的简易图案，有插在鸡喙的，有蒙在鸡背的（梅仙一带称之为鸡角袄），有围在鸡脚的，有压在粿块、面条等祭品上的。窗花剪纸多流行在新桥、团结一带，现在善剪的多是老年妇女，年轻人学习剪纸的不多。

4. 源远的古法造纸

尤溪盛产毛竹，民间造纸始自宋代。造纸的主要原料就是毛竹、骨皮藤。毛竹要用立夏后5天即将开枝出叶的嫩毛竹。制作时，先将嫩毛竹砍成1.5米长的竹段，剖成片，将其浸入石灰水池渍60天左右，排去石灰水，再放入清水浸30～60天，排去清水。这时，竹片已软烂，将其装进竹丝池踩烂后捞起，装入纸槽，放上清水，加入由毛桃根、山苍籽叶、苦蓝叶捣汁配制而成的胶水，搅拌均匀，用纸帘（绷着竹帘的木框）漉张后，逐一铺在榨纸床上压去水分，再逐张揭起，糊上纸焙烤干即成纸。用这种工艺生产的纸有粗纸（永利纸）、海纸、苦竹纸、数纸（明太纸）、大边纸、长连纸、毛边纸等。粗纸，面粗质厚，是人们生活日常用纸和小商品包装用纸，也是制作冥钱的用纸。海纸，面粗质薄，规格26厘米×53厘米，每200张为1刀，每10刀为1捆，是人们日常生活用纸。苦竹纸，其原料为苦竹，色白质韧且细，宜于书写，是文化专用纸。其规格为47厘米×24厘米。数纸是在苦竹纸基础上精制而成，色白质细，有韧性，是书写记账的专用纸，其规格同苦竹纸。大边纸色白质优，是清末和民国前期的一种文化用纸，其规格为76厘米×54厘米。毛边纸色白质细，面光滑，规格为136厘米×61厘米，200张为1刀。

古法造纸工艺（尤溪电视台／提供）

棉纸的原料和工艺不同于上述各种纸。其主要原料是骨皮藤。制作时，先将骨皮藤放入水中浸泡24小时，再放入铁锅煮12小时。放入石碓碓24小时后，洗去杂质，待纤维析成若干份，每份约1千克，再放入石灰水浸5分钟后煮24小时；而后，将其捞起踩烂，再煮6小时，放入清水漂洗8小时，再碓细后把纤维洗白，放入纸槽，加上水杉根水，拌匀，然后用纸帘漉张，晾干即成。棉纸是制作纸伞和蜡纸的原料纸，洋中镇和中仙乡的棉纸是传统名纸伞（闽清、水口、福州制造）的原料。

5. 真材实料的酿造

尤溪在唐代就有采用民间传统工艺酿酒的作坊。宋代以来，酿造业逐步发展。民国时期，私营酿造已有相当规模。而农家自酿糯米红酒更为普遍，几乎家家户户都可自酿。

传统酿酒主要是酿制以糯米为原料的黄酒，尤溪人因其酒色呈暗红色而称之为红酒。酿造红酒须用优质糯米和优质红曲为原料。红曲以大米为原料，制作时，将大米过筛，除去杂质和碎米，浸入清水12小时后去水蒸熟，加入曲青、曲母和红糟拌匀，或盛箩入窖，或摊在窖中，每日冲1次石灰水，调节好温度，让其发酵，6天后即可出窖晒干。尤溪的红曲以新桥的南芹、上井和中仙的东华、长门、善邻等地的久负盛名。制酒时，将优质糯米蒸熟晾凉，按7.5千克糯米、2千克红曲的比例，拌入红曲，置于酒坛中，加入13.15千克优质泉水，封口移置阴凉处让其发酵酿制。红酒以存贮的时间越久越好，多年陈酿色红透绿，浓香清亮。尤溪坂面的蓬莱老酒、洋中的桂峰红酒尤为出色。

尤溪坂面乡的街面村，农家有用大米、小米（粟仔）和白曲自制“熬酒”的。这种酒可祛暑祛风湿。熬酒的制法是：先将籼米、小米洗净，煮熟、滗去水，和入适量白曲，装入瓮里，封好口，让其自然发酵。一星期后即成醴浆，将其倒入大锅。锅上放置特制的木楻（无底），楻的上部再坐一口小锅（锅底洗净）以封住楻的上口。楻内上部有一个半片竹片做的导流槽，导流槽正对小锅底以承接沿锅底流下的酒液。导流槽外部出口正对酒瓮。大锅底下加火蒸煮醴浆，醴浆挥发成蒸汽上升。小锅内注入冷水，蒸汽遇冷即结成酒液不断地滴入导流槽而被引入楻外。小锅内的水不能变热，要不断地更换冷水。起初流出的酒液，酒精度较低，待第一锅冷水变热后，即换一个瓮承接，此后流出的酒液，度数较高。最后一锅冷水

酿造技术（陈绍汉／拍摄）

变热时，流出的酒液度数低、味薄。待大锅内的醴浆被煮成酒糟时，酒也差不多出净了，即可停火。而后，将浓淡酒液加以勾兑，就可兑出适口的熬酒了。可见，熬酒是一种蒸馏酒，色淡味醇喝多了也会醉人。

6. 独特的榨油工艺

尤溪盛产茶籽，民间压榨茶籽油历史悠久。榨油的机械主要是一根榨木。榨木要选粗大可围抱的樟木、檀木，中间挖空，并划出一条平槽，槽的下沿凿一小孔，以导油流出。另有一根撞木，用以撞击榨油。撞木和榨木上的受撞之处都用铁裹上，以防木质披散。榨油时，将茶籽晒干碾碎后蒸熟，取出用稻草包裹成一块块的茶饼，饼外圈铁箍。包裹时必须趁热疾速裹好箍好，出油才多。然后将包裹好后的茶饼装入榨木中填满，挥撞挤轧即可出油。也有的不用榨木而用油檀，用石逍敲打檀中茶饼而出油，如中仙一带。榨过油后的饼渣，可用作肥料，也可用来洗头发。现在，这种土法榨油工艺逐渐被现代的气压榨油工艺所取代。

榨油工艺（陈绍汉／拍摄）

7. 高产的制糖工艺

《马可波罗行纪》（[法]沙海昂注、冯承钧译）第154章云："……再行三日又十五英里①，抵一别城，名称武干（尤溪），制糖甚多。"据此可知，尤溪最迟在元代，已有很发达的制糖业了。现在，尤溪坂面、街面仍有自制红板糖的。

制糖的原料是甘蔗、糖蔗。传统的制糖工艺是先将蔗榨出汁，再将蔗汁煮成糖。榨汁的器械设计得十分精巧。在一个大圆台地上竖起两个大圆石碾。石碾的直径约80厘米，高约150厘米，重150千克，上下两头凿有凸凹的洞以便两碾异向转动时相互咬合。石碾的圆心有贯通的眼，眼中插入两根硬质木轴。轴的下端插入地面，与圆台相交处包铁，以防止转动时磨损轴。轴的上部突出石碾，其中一根轴更高些，装置着一支弯曲的把，曲把通过犁担系于牛肩，工作时，役牛绕圈走。两个石碾外搭有一个木架子，木架的四根支柱通过圆台插入地面。在两个石碾咬合处的底部，设置着导汁槽。导汁槽出口处的台面上有一下沉的井，以放置承接蔗汁的桶。在受汁桶相对的一侧，也挖一个下沉的井，以便输送甘蔗的人立在井中操

① 英里为非法定计量单位，1英里≈1.61千米。——编者注

作。牛在圆台外团走，防止蔗汁受到污染。压榨时，立在井中的人不断地往石碾间输入甘蔗。一榨即汁流。另一向的人则拉动榨过的甘蔗，一送一拉，共同完成一次压榨。而后，将初榨过的蔗秆再送到输送蔗的人处进行第二次、第三次压榨。三榨之后，蔗汁已尽。

煮糖用1大6小7口锅，中间1口为大锅，围着大锅环列6口小锅。7口锅同在一个大灶台上，灶台下是如窑般的灶膛以烧旺火。将榨出的蔗汁分倒在6口小锅上，煮稠时再集中舀到大锅里继续煮。直到稠汁即将结晶时，将其全部舀出，平摊在直径为2米多的大簸箕上。再用圆木棍迅速将其碾平。随即取一薄竹片紧靠一长木板，在糖板上画线成格。冷凝后即成红板糖，且可逐块掰下。清代，坂面的红糖年产量达5 000千克左右。除畅销本县外，还销往大田、德化等地。后来，制糖业逐渐发展到梅仙、新桥。1984年，池田乡（今新阳镇）中洋村始建糖厂，从事机器制糖。

8．多样的民间制酱

尤溪的民间酱作有豆酱、麦酱、豆腐乳、酱油、红醋等。

豆酱、麦酱的民间制法是，在霜风将起前，将黄豆或麦子洗净、浸泡蒸熟后晾冷并加入酵母，装入敞口钵让其自然发酵。待其长出长长的白色菌丝后，用细竹签将菌丝除去。而后，待霜风将至时，煮一锅糯米稀粥，将粥汤淋入已发酵的酱胚里，调匀，移到室外让日光曝晒。夜里也留置室外露天打露，遇雨则将其盖住，仍留置室外，次日无雨再打开，继续日晒。如此晒6～7天，酱色呈橙黄色即成。

豆腐乳是将干豆腐（俗称豆腐腊）平摊在簸箕上，引种少许酶菌，让其在恒温下长出白色的菌丝。待菌丝长到寸许长时，除去菌丝，装入陶甕，浸以黄酒、酒糟等调味品。而后封口，贮藏个把月后便可食用。

9. 小腔戏源远流长

流传于尤溪的古老传统戏曲主要有两个，一是大腔戏，一是小腔戏。大腔戏，是明代弋阳腔发展时期传入尤溪的，因用大嗓门唱高腔，大锣打鼓唱大戏而得名。尤溪联合梯田以小腔戏最为闻名。

小腔戏，清嘉庆年间流行于尤溪，流传至今已历十二代，是流行于尤溪及永安、大田、沙县等地的古老剧种，现尤溪南芹村保存最为完好，发展最为闻名。因主要行当角色用小嗓（即假嗓）行腔而得名。又有“江西戏”“土京戏”“地道戏”之称。小腔戏唱腔以西皮、二黄为主。读音以中州韵为主，杂以方言，谓之“土洋腔”。锣鼓经统称为“十二番”。小腔戏班人员很少，有“16把椅”之称，即前台演员10人，后台乐队6人。乐队6人的分工是：司鼓、上手琴（司京胡）、下手琴（司二胡或月琴兼唢呐）、大锣手（兼三弦）、大镲手（兼后捡场）、小锣手（兼前捡场）各1人。小腔戏表演程式有“大花平天，二花平眉，挂须平鼻，小生平肩，小旦平乳，三花平肚脐”等规范要求，表演动作带有木偶表演的痕迹，不少动作直接来源于生活。常演的剧目称“十八本头”，有五十八个折子戏，所演剧目中，武戏居多，如《天门阵》《清官册》《乾坤配》《取盔甲》《四郎探母》等代代保留。小腔戏的服装除主要的生、旦角比较华美考究外，其他角色的穿戴都十分简单，色彩以黑红为主，有的直接把彩旗或农村主妇用的围裙拿来做披风、裙子。

小腔戏剧照（蒋玉瑞／拍摄）

六 梯田之结与解

福建尤溪联合梯田

（一）当前保护困境

1. 劳动力减少 景观遭破坏

尤溪梯田种植以高劳动强度为特点，狭窄的梯田只能用人工种植，不能实行机械化，大大降低了农民参与农业生产的积极性。对于农民，尤其是年轻人来说，放弃务农而去打工或经营小型企业似乎是个更好的选择。因此，农业劳动力的老龄化已成为该地区普遍存在的问题。年轻劳动力的流失和农业劳动力的老龄化也带来了另一个问题，即一些农田被遗弃，这也威胁到这些梯田的可持续性。

联合梯田当地的年轻人不愿从事劳动强度大、管理复杂、利润少的水稻种植工作。根据劳动者年龄结构的调查显示，50岁以上的农民中从事农业生产的农民占60%，30岁以下的农民仅占总农民的3%。因此，掌握传统耕作方法绝大部分是老年人。此外，每年约有70%的农村人口进城务工，特别是年轻农民工明显增加，农村年轻劳动力的流失给传统梯田耕作技术的传承和发展带来了困难。

梯田劳动力的流失使得一些精耕细作的梯田种植模式遭到破坏，劳动力不足，梯田抛荒现象不断出现，精致的梯田水稻种植景象也在不断地被破坏，这将进一步地影响梯田景观。由于一些梯田缺乏

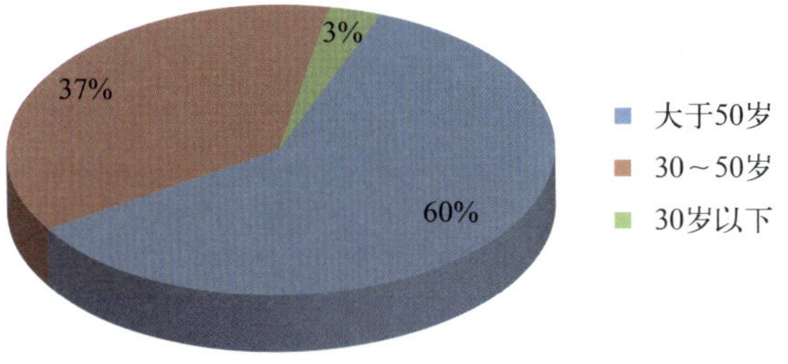

联合梯田劳动力年龄分布

修缮，田埂遭到破坏，水渠堵塞、排水不畅，加上雨水的冲击，梯田正面临着坍塌的危险，杂草丛生使得梯田失去了其特有的整齐精美的外观，变得满目疮痍，其景观正在遭受消失的威胁。而且梯田一旦遭到破坏，修复成本极高且难以修复，所以梯田景观的维护与保存亟须当地劳动力的积极参与。

2. 现代农技兴　传统农法衰

传统水稻品种耕种面积的减少，是造成传统水稻物种丧失和生物多样性减少的主要原因。目前，一些稻田变成了旱地，传统的农作物被经济作物所取代，一些农田被荒废。此外，随着现代农业技术的引进，农民更倾向于使用化肥和杀虫剂来节省时间和劳动力，而不使用传统的技术和工具。传统品种、技术和工具的消失不仅破坏了当地的环境，也影响了传统农耕技术的传承。

在联合梯田，传统水稻品种（约4 500千克／公顷）的产量仅为杂交水稻（9 000多千克／公顷）产量的一半，虽然传统水稻的价格（7～7.5元／千克）高于杂交水稻的价格（约3元／千克），传统水稻种植与种植杂交水稻受益相同，但由于前者比后者花费更多的劳动成本，因此，一些农民倾向于使用化肥和杀虫剂，种植高产杂交水稻，而不选择传统水稻品种，这些行为威胁了传统农业系统和品种资源的传承。

目前联合梯田种植的主要水稻品种为稳产杂交水稻品种，如Ⅱ优沈98、乐优94、eⅡ优315，种植面积达数百公顷；只有少数几种传统的水稻品种，如矮脚白、白头莲、石榴红等，仅有小面积种植。大面积种植杂交水稻容易导致传统水稻品种的流失和威胁生物多样性，从而对当地水稻生态系统的稳定产生负面影响。此外，联合梯田使用的化肥和农药量也有增加，长期过度使用化肥和杀虫剂会削弱土壤肥力，降低农业生态系统的稳定性。

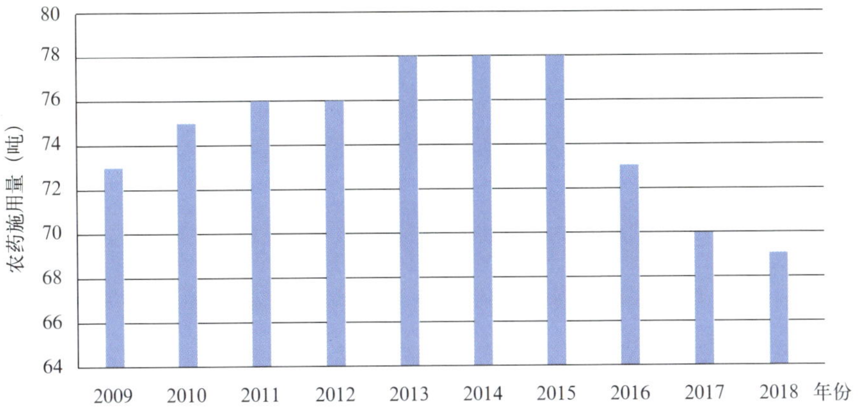

2009—2018年联合梯田农药施用量（尤溪县联合镇/绘制）

3．传承机制缺　农耕文化失

在现代化的背景下，传统梯田文化受到城市化和现代化的强烈冲击，现代生产方式日益威胁较低竞争效率的传统农业生产方式。随着城市化所带来的冲击，当地人的生活方式、饮食习惯、习俗和信仰、节日和仪式也被改变，各种民俗活动被认为是过时、保守、落后、封建的，必须被抛弃。文化传承机制在承担文化传承的老者与年轻文化继承者之间断裂，传统文化不断流失。

联合梯田的非物质文化遗产作为中国传统文化的一部分，具有重要的历史价值。受现代文明和新生活方式的影响，年轻一代不愿从事劳动强度大、管理复杂的水稻种植工作，传统农业文化知识及其传承受到威胁。当地政府和学校没有组织当地中小学生学习传统农业文化，也没有开展其他相关实践活动。因此，传统文化和习俗只能在老年人身上散发魅力，而文化断续则出现在年轻一代身上，文化的传承出现断裂。这种孤立的形式，如梯田和耕作技术，如果没有承载非物质文化遗产，将会是枯燥的，更是没有生命力的。如何长期地继承和发展农业文化，是当前需要解决的一个重要问题。

4. 乡村经济弱　梯田农民贫

联合梯田的耕地面积有限，劳动强度高，所以在产量方面难以形成比较优势。同时，由于普通农产品价格相对较低，在大多数情况下从事非农业生产比农业生产能获得更高的效益。相对较低的生产率和效益极大地降低了农民参与农业生产的积极性，从而限制了联合梯田的可持续发展。

表9　联合梯田东边村2018年水稻投入与产出

项目	种类	数量	单位	单价	总计（元／公顷）	比例（%）
投入	种子	9	千克／公顷	80元／千克	720	1.8
	劳动力	214.5	天	150元／天	32 175	81.4
	化肥				2 670	6.8
	薄膜	9.75	千克	14元／千克	136.5	0.3
	杀虫剂				1 140	2.9
	运输	9 000	千克	0.3元／千克	2 700	6.8
	总计				39 541.5	100.0
产出	收谷	9 000	千克		27 000	
效益	−12541.5元／公顷					

以联合镇东边村为例，2015年水稻种植投入为21 912元／公顷，其中人工成本18 000元，占总投入的81.4%，而产量仅为每公顷27 000元，种植水稻的利润为−12 541.5元／公顷（表9）。2014—2016年，联合梯田水稻种植面积分别占作物总种植面积的19.3%、18.4%和

17.7%；水稻种植面积也不断减少，2014年水稻种植面积为898.5公顷到2016年为837.8公顷。显然，低生产率和低效益正威胁着联合梯田水稻生产的可持续性。因此如何调动农户的生产积极性，解决好农户收入的问题，保障农民经济收益，促进乡村经济的发展是解决梯田可持续发展的根本性问题。

（二）有效破解之法

1. 推动融合发展　振兴乡村产业

以乡村振兴国家战略、一二三产融合发展热潮为契机，进一步挖掘乡村优势产业，制定相关的乡村产业发展规划，推动融合发展。

首先要整合联合梯田遗产地范围内的资源，建立产业发展的数据库；确定遗产地产业融合发展的方向，制定融合发展规划的总体思路。其次要完善遗产地产业发展的基础设施和服务体系，如提高遗产地各景点交通的通达性；规划好各产业开发和发展的空间布局，合理打造多样性的产业品牌。最后将遗产地建成以稻作梯田种植为中心的融合发展综合体，形成科学发展的特色产业体系。

2. 建立补偿机制　激励农民种田

由于种植传统水稻品种获得的利润较低甚至为负，所以应建立相应的补偿机制，保障农民的收益权利。一可以建立生态补偿机制，以联合梯田保持传统种植方式所创造的生态价值为基础，参考学术研究结果，制定科学的生态补偿机制，对种田农户以亩为单位进行生态价值补偿；二是对复垦梯田的农户按复垦面积进行奖励，鼓励农户更多地参与到梯田的保护与开发中；三是可以制定传统水稻价格补贴制度，由于传统水稻品种产量低且投入的劳动力较多，可以以传统水稻与杂交水稻收益的差额为基础，对传统水稻种植进行价格补贴，使得种植传统水稻的收益高于杂交水稻的收益。

3．创建传承机制　保护传统文化

传统文化作为农业遗产的重要组成部分，目前正面临着失传的威胁，需要调动多方参与文化传承，制定传承机制保护传统文化迫在眉睫。可以通过选定传承人的方式传承文化，评选一些在传统农业技术、传统农具制作、特色民族文化、传统特色民族食品制作等相关领域的能人作为传承人，并将其熟练的技能不断地传承下去。也可以通过政府专门扶持的方式，制定专门的财政预算资金用于保护传统文化，成立专门的传统文化传承部门，将传承传统文化纳入日常工作。青年是新一代社会主义接班人，可以将传统文化作为一项重要教学内容纳入到中小学课堂中，提高青少年对传统文化的认同感和对传统文化传承的责任意识。

4．改善基础设施　助力梯田发展

积极从中央、省、市争取项目资金支持，完善相关基础设施。由于联合梯田地区山地较多，交通闭塞，应增建路桥提高其交通的通达性，以方便更多的游客来联合梯田；完善梯田水利设施，修建水渠，满足梯田水田的灌溉需求，减少水田因灌溉不足而变成旱地；对于联合镇农村生活基础设施薄弱的现状，应增强其生活设施的便捷性，实现村村通水、通电、通公交等，提高当地农户生活的舒适度，增高社会幸福指数；加强农村生活垃圾综合治理，加大宣传环保治理，提高农户的垃圾分类意识，维护生活环境，保持村容村貌的干净整洁。

（三）未来发展道路

1. 打造农遗品牌 发展高端农业

联合梯田由于长期形成的特殊的循环系统和水土管理、防虫防病技术，该地农业使用的农业化学投入品比较少，而且具有清洁的水源、空气和土壤等农业环境优势，在食物安全方面更具有优越性，故所生产的农产品相比一般农产品更安全、质量更高、营养更丰富。因此，联合梯田2013年和2018年分别被认定为中国重要农业文化遗产和全球重要农业文化遗产。联合人应更好地利用GIAHS品牌，以及绿色农产品、有机农产品、无公害农产品等品牌，发挥联合梯田产品在健康、生态、品质上的优势，打造本地农产品世界级品牌，

石刻（尤溪县联合镇／提供）

监测点（尤溪县联合镇／提供）

利用现代技术，追溯农产品生长全过程，保障农产品的质量，提升当地农产品价格，发展高端农业，增加当地农户收入，激发其生产的积极性，以更好地保护农业文化遗产。

2. 推动电商发展 扩大销售市场

随着互联网技术的发展，电商作为一种新型的销售渠道在产品销售中不断发挥作用，目前电商发展迅速，多样化的电商平台不断出现，农特产品通过多样的电商平台直接运送到消费者手中，减少了商品的流通环节，实现了从农田到餐桌一站式购销。联合梯田拥有多样性的农产品与手工艺品，因此其发展也应把握契机，推动当地电商的发展，不断扩大市场。当地政府应定期开展电商培训班，手把手教当地农民电商技能，使当地农民能将自家农产品、手工艺品等通过多样的电商平台销售，进一步地扩大销售市场，增加其收入。

3. 推动三产融合 变青山为金山

充分挖掘联合梯田的优势资源，如农产品资源、工业技术、旅游资源、基础设施、产品品牌基础等，确定该地的一二三产融合发展的思路，制定产业发展规划，围绕南方稻作梯田农业文化遗产元素开发特色农产品种植、特色农产品加工、多样化旅游（农事体验、农家乐、民族文化体验游、农业观光旅游、休闲避暑度假游、康养旅游、伏虎岩文化游等）促进以稻作梯田农业为主的一二三产融合发展。

整合联合梯田农产品资源，维持当地特色农产品的种植，如“梯田三宝”，保护好梯田特色农产品，保障产品质量，积极利用互联网销售农产品；发展农产品加工业，将当地的农产品加工成便于携带的、宜保存的产品，更好地通过电商销往全国或者销售给游客，以扩宽收入的渠道；发展多样化的特色旅游，如联合梯田的生态环境较好，可以利用当地生态条件发展健康医疗产业；利用梯田独特的景观，发展旅游业，开发一些旅游纪念品等相关旅游产品，增强旅游产业的丰富性；利用梯田种植，开展农事体验活动，不仅能增加农户收入，还能提高其种植的积极性等。形成集特色农业生产、特色产品加工、多样化旅游于一体的三产融合发展综合体系，促进联合梯田的可持续发展。

4．弘扬传统文化　提高农民自信

通过多渠道多途径，加大对传统文化的宣传，提升广大人民的文化自信。如政府部分要加大传统文化重要性的宣传，增强民众对保护和传承传统文化的意识；推动传统文化进校园等活动，提升中小学对传统文化的认识与继承的责任感，更进一步地提升全社会对传统文化的认知；积极向当地人民宣传传统农耕文化知识体系，以及GIAHS相关知识，增强农民作为农业文化遗产传承人的荣誉感；举办传统文化相关活动，动员更多农民不断参与活动中，弘扬传统文化，提高农民自信。

附录

福建尤溪联合梯田

附录1 大事记

尤溪县始建于唐开元二十九年（741年），隶属福州。南唐保大六年（948年）改隶剑州（州治在南平）。宋太平兴国四年（979年）起，剑州改称南剑州，元至元十五年（1278年）南剑州升为南剑路，延佑元年（1314年）南剑路改称延平路，明洪武元年（1368年）延平路改为延平府，尤溪县随其隶属。民国十六年（1927年）尤溪县直属福建省。

- 春秋时期，越国人一部分流散到福建，与当地原始居民融合后，人们称福建人为“闽越人”，并带来了农业技术。
- 汉武帝时期及以后，因政治原因大量人口外迁，福建农业荒废。
- 西晋永嘉之乱后，福建闽江上游人口大增，农业取得了较大发展。
- 隋朝时期，苛税繁重，中原战乱不断，逃乱使福建的人口断续增多，农业进一步发展。
- 唐开元二十九年（741年）尤溪县建县，是福建省设县较早的“千年古县”。
- 晚唐，移民使福建人口骤增，逐步接近发达区域的水平。
- 宋代，由于福建社会环境比较安定，人口的不断增多，福建地区的人地矛盾已变得十分尖锐。宋代是福建农田开垦的主要时期，山区梯田景观在低山缓坡区已经成片存在，不少地区在当时的条件下，可开发的山区已经开发殆尽。

- 南宋末期至元朝蒙军攻宋进入江南两浙，战争使得人民家家破败，农业也因此停滞、荒芜。
- 明清时期，福建人地矛盾使得许多人到了难以生存的程度，梯田面积大面积增加。
- 明清以后，尤溪联合乡梯田的面积变化不大，规模相对稳定。
- 2007年，福建尤溪联合梯田被列入福建省摄影家协会创作基地。
- 2009年，福建尤溪联合梯田被评选为海西之美十佳景点。
- 2010年，福建尤溪联合梯田名列中国五大魅力梯田。
- 2010年，福建尤溪联合乡举办首届联合梯田与民俗文化节。
- 2011年，福建尤溪联合乡举办首届联合梯田旅游文化节。
- 2013年，福建尤溪联合梯田列入首批中国重要农业文化遗产。
- 2014年，中央电视台第七频道《农广天地》《科技苑》等栏目在联合梯田拍摄梯田文化遗产地大型纪录片。
- 2014年，福建尤溪联合梯田被评为中国美丽田园。
- 2015年，成立福建省尤溪联合梯田旅游文化开发有限公司。
- 2015年，在福建尤溪联合梯田拍摄微电影《云来云往》。
- 2015年，在福建尤溪联合梯田设立福建农林大学金山学院大学生创业基地。
- 2015年，福建尤溪联合乡被中央文明委评为“全国文明村镇”。
- 2016年，福建尤溪联合梯田被尤溪县政府列入“十三五规划”重点打造成为国家AAAA级景区。
- 2016年，福建尤溪联合梯田列入中国全球重要农业文化遗产预备名单。
- 2016年，福建尤溪联合梯田与江西崇义客家梯田、湖南新化紫鹊界梯田以及广西龙胜龙脊梯田向联合国粮农组织联合申报全球重要农业文化遗产。

- 2017年12月，联合完成“撤乡设镇”，更名为联合镇。
- 2018年2月，联合国粮农组织确认包括联合梯田在内的“中国南方稻作梯田系统”入选全球重要农业文化遗产（GIAHS）。
- 2018年4月，在意大利罗马举行的“第五届全球重要农业文化遗产国际论坛”上，尤溪联合梯田作为“中国南方山地稻作梯田系统”的四个子项目之一，正式获颁GIAHS证书。

附录2　旅游资讯

（一）联合梯田及附近的景点

尤溪地处福建省中部，始建县于唐开元二十九年（741年），是南宋著名教育家、理学家朱熹诞生地，有“千年古县、八闽心都”之称，是“中国金柑之乡”“中国绿竹之乡”“中国竹子之乡”“中国油茶之乡”“中国革基布名城”。尤溪集闽中山水、人文之灵气、融生态休闲和乡村旅游为一体。如今，朱熹诞生地原址南溪书院、朱熹幼年生活和读书的场所观书第、活水亭、半亩方塘及朱熹幼年亲手种植的双樟古树等众多遗迹依然保存完好。代表性的景点还包括

尤溪县旅游资源分布图（尤溪县文体和旅游局/提供）

蓬莱山、枕头山、九阜山、伏虎岩、桂峰古民居、南溪书院、闵湖水利风景区、龙门场古银杏林、公馆峡民居等。

（1）尤溪蓬莱山

蓬莱山又称为九仙山，位于尤溪坂面乡境内，距县城35千米。岩凿百栏曲径峰回，建于唐贞观年间（627—649年）。相传有九仙来往其间，从而得名。蓬莱山位于尤溪县城关镇，是县西南军防门户。作为尤溪县最早开发的旅游名胜和宗教场所，蓬莱山受到了各方游人的喜爱，是三明市最优美的景区之一。蓬莱山山势陡峭、植被分布带明显，主峰海拔1 298米，是尤溪最高的山峰之一，有金鲫池、石棋盘、黑白二石子、炼丹灶、白鹤洞等景点。同时，洞窟幽深，岩壑雄峙，峡谷险绝，山泉潺潺，苍松翠柏，山光水色，景致宜人。相传山巅有仙人来往，并可闻鼓乐声。据《尤溪县志》载昔人诗云："微风轻动雾云开，日照峰巅香烛台，不为神灵躬朝观，只缘赏景上蓬莱。"蓬莱山盛夏不暑，严冬不寒，天高气爽，平均气温18℃，日出日落之景，尤为壮观。山上幽雅壮丽的景致，令游人流连忘返，并有傍山公路蜿蜒而至。

蓬莱山（尤溪县文体和旅游局/提供）

（2）省级森林公园——枕头山

枕头山形似枕头，从而得名，是福建省级森林公园，位于尤溪县洋中镇后楼村以及西滨镇境内，与尤溪河一坡之隔，万亩原始森林峰峦叠嶂，素有“天然生态园”的美称。森林公园总面积为398多公顷，最高点王岩头（仙岭顶）海拔976.4米，最低点坪坑溪180米，山上覆盖着8 000多亩参天古木，覆盖率达97%。公共总体为枕头山的东南向一面坡，内有多条溪流，山势起伏，山峰陡峭，山峦参差，奇峰劲拔，怪石嶙峋，珍贵树木和保护动物繁多，气候宜人。根据森林公园资源条件，景区划分为：综合服务区、农业体验区、山巅揽胜区、森林探险区。景区拥有“马腰赛”“断崖瀑”“贞女峰”等众多天然景观，素有“七岭八峰、七拐八弯、七古八怪”之称，是集险、奇、幽、雅于一体的生态旅游景区。2011年，枕头山被省农业厅授予首批“福建省休闲农业示范点”称号；2012年，被省旅游局评为“三星级乡村旅游经营单位”。

枕头山（尤溪县文体和旅游局/提供）

枕头山的“云海”，如“黄山”四绝之一的“云海”一样颇具特色，这里的雾气以变取胜。雾气在山间徘徊，渐渐弥漫整个山间，伸手似可取但又取不得，让你的感觉似踏在云间，宛如腾云驾雾般，似朦胧的仙境；时而如茫茫的海面，只留高的峰尖，像大海中点点的岛屿；时而山脊如走龙般于云波中若隐若现；时而漫天大雾忽地像梦一般消失，呈现壮美的景色。

（3）九阜山自然保护区

九阜山省级自然保护区生态旅游区位于尤溪县西南部、戴云山脉北段西侧，是福建省地理区域的中心腹地，距尤溪县城12千米，离福州市162千米，是尤溪县具有很高价值的生态旅游景区。2001年10月由福建省人民政府正式批准建立了九阜山省级自然保护区，面积2 308公顷。原始的亚热带雨林、名贵植物、生物种类繁多，保护区内有国家一级保护植物2种，二级保护植物11种，国家一级保护动物

九阜山省级自然保护区（尤溪县文体和旅游局/提供）

7种，二级保护动物56种。山上悬崖峭壁，山下流水潺潺，九曲十八弯，一步一胜景，九阜山大峡谷人迹罕至，神秘莫测，引人入胜。大峡谷的漫瀑，连绵起伏达数十米，隆隆水声如空中排雷，从山顶下望，峡谷和峭壁均被郁郁葱葱的树木严密遮住，蜿蜒而去的山脉高低起伏，山峰交错。主要区域包括朱源里管理服务区、天池湿地观览区、九阜溪峡谷揽胜区、双鲤湖游览观光区和凤凰山生态保育区。是集休闲度假、观光探险、养生健身、生态教育与展示为一体的龙头重点景区。景区幽静、险峻、奇异、壮观的景象，不断地激发你深入探险的欲望，是人们探奇揽胜与森林沐浴的理想宝地。

（4）南溪书院

南溪书院位于尤溪县城南，沈郎樟公园内，是宋代理学家朱熹的诞生地。朱熹逝世后，县令李修于嘉熙元年（1237年）在此修建了文公祠、韦斋祠、半亩方塘和尊道堂等，以此祀朱家父子。宋理宗赐额“南溪书院”，明清后进行多次修缮扩建，规模逐渐扩大，是体味理学文化的好去处。

朱熹诞生地南溪书院，原为郑安道（义斋）馆舍，始建于北宋，因宋理宗皇帝赐匾额“南溪书院”而得名。占地约20 000平方米，建筑面积3 000平方米，历代都有修葺。该建筑坐南朝北，由半亩方塘、活水亭、开山书院、观书第、溯源处等多处组成。朱熹幼年手植的两株古樟树至今仍然生机勃勃，2008年5月被评为福建樟树王，与朱熹幼年读书的半亩方塘、观书第等构成一体。1988年朱熹塑像落成时，刘海粟等国内诸多书法家留下了大量题词墨迹，现已镌刻成

朱熹像（尤溪县联合镇/提供）

碑林。留有朱熹手迹的宋代古建筑白鹤楼修葺一新，1999年建成的朱熹文物展厅，收藏文物530多件，定级文物170多件，成为朱熹诞生地建筑群的重要景观之一。近年建成的朱熹文化广场、音乐喷泉、朱熹生平浮雕、名人碑刻长廊等已成为游客、市民的休闲娱乐场所。

（5）朱子文化园

朱子文化园位于尤溪县城区水南，是国家AAAA级旅游景区，总用地面积4.4万平方米，总建筑面积约14 600平方米。主体由沈郎樟、文公祠、韦斋祠、半亩方塘、观书第、瘗衣处、开山书院、博物馆、朱子画廊浮雕群、画卦洲、青印石等组成，现已成为闽中腹地的一处具有浓郁朱子文化氛围的旅游胜地。

朱熹《观书有感》诗云："半亩方塘一鉴开，天光云影共徘徊。问渠那得清如许？为有源头活水来。"正是出自此处。

朱子文化园（尤溪县文体和旅游局/提供）

（6）联合梯田

联合梯田是尤溪最具特色的旅游点之一。梯田美景全省之最。其境内的近万亩梯田，分布在秀丽的金鸡山脚下，绵延联合、联南、联西、东边、云山、下云等8个村，数十里的梯田一气呵成，规模宏大，气势磅礴，处于海拔200～1 000米，云、山、水、田有机为一体，谓为壮丽。自然景观丰富多彩。拥有海拔1 311米开遍映山红的金鸡山和满目葱茏如海洋一般的竹林，已作为省级湿地公园向上申报的瑙洋。人文资源厚重悠久，代代相传的神奇传说和故事为联合披上神秘的面纱，隐藏着深厚的文化底蕴。2010年被评为“海西之美十佳景点”，拥有“中国五大魅力梯田”的美名，被誉为福建省最美的梯田，是福建省摄影创作基地。2013年被农业部列为首批中国重要农业文化遗产，目前联合梯田已经成为农业农村部公布的中国重要农业文化遗产，受到了各地游人的广泛关注。2018年福建尤溪联合梯田在第五次全球重要农业文化遗产国际论坛上获“全球重要农业文化遗产”授牌，被联合国粮农组织列入全球重要农业文化遗产名录。来到联合梯田，除了可以摄影、观赏梯田美景，还可以品尝梯田美食，体验梯田农事活动，住在梯田人家，别具一番特色。

经过数十代人的辛勤劳作和千年的文化积淀，联合梯田逐渐形成其特有的地域农耕文化。“莫说我山居，山居乐有余；春夏多笋蕨，秋冬有芋薯；海鲜虽嫌少，池中有鲜鱼”“清泉白米饭，龙凤细芽茶；夜有松光火，不似野人家”正是梯田人家的真实写照。

梯田绵延整个中高山片区的联合、联东、联南、联西、东边、连云、云山、下云8个建制村，最高海拔900米，最低260米，垂直落差600多米，面积达10 717亩，规模宏大，气势磅礴，正所谓“丹溪岭头，流水溅溅；上有石蹊，盘云造天”。联合梯田大而又“小”：“眉毛丘，斗笠丘，蛤蟆一跳过三丘”是联合梯田的真实写照。

联合梯田（尤溪县文体和旅游局/提供）

（7）闽湖国家水利风景区

闽湖国家水利风景区，位于尤溪县坂面镇境内，与大田县和德化县相邻，距离县城51千米，闵湖是由街面电站库区形成的人工湖，库面最大宽度2.5千米，是福建最大的人工湖。烟波浩渺、一碧万顷的尤溪闽湖就宛若一块巨大的宝石嵌在八闽的中心。闽湖水利风景区是以闽湖为核心，依托尤溪深厚的文化底蕴，串联各旅游景观节点，集水利工程景观、水文地质景观、历史文物古迹景观、山水休闲度假景观、水上观光娱乐景观等为特色的综合旅游风景区。游客们在这山环水绕，风光旖旎的景区里可以尽情愉悦于山水的雅致。"龟象石"、闽心园、钓鱼台、渔业养殖基地，都是人们闲暇休闲的好去处，而新增的水上项目游艇、飞伞，更让游客们大呼过瘾。现在，闽湖已成为尤溪县水上生态游的新亮点，每逢节假日、黄金周，来自省内外的游人络绎不绝。

近年来，县委、县政府高度重视闽湖旅游的开发，在《福建省

闽湖（尤溪县文体和旅游局/提供）

尤溪县县城旅游发展规划及旅游片区总体规划》中将闽湖旅游规划定位为“观光旅游、水上运动、休闲度假”的湖泊型观光度假区，景区规划的基本结构为“一村一家一园七区”，一村是休闲渔村，一家是欢乐农家，一园是闽心园，七区是水利科普区、管理服务区、水上娱乐区、野外生存俱乐部、高级会议接待中心、休闲疗养度假中心、水上运动培训基地。闽湖于2009年8月26日被国家水利部批准为“国家级水利风景区”，2010年10月被海峡自驾游联盟授予省内首个自驾游联盟基地。

（8）中国历史文化名村桂峰村

桂峰村位于洋中镇东北部，毗邻南平市樟湖板镇，村部距福银高速公路互通口仅13千米。全村土地总面积1 593公顷，古建筑保护区占地面积13公顷，传统街区建筑群面积2.6万平方米，现存明清时期古建筑39幢。历史上曾名桂岭，又叫蔡岭、岭头，被誉为“遗落在山中的明珠”“山中理窟”“云霞仙境”。2007年6月被国家建设

桂峰村（尤溪县文体和旅游局／提供）

部、文物局授予“中国历史文化名村”称号，2010年1月被省旅游局授予“省级乡村旅游示范点”称号，2011年被福建省住房和城乡建设厅、省旅游局命名为福建省首批“特色景观旅游名镇（村）示范”称号。同时被誉为“山中理窟”和“云霞仙境”。现存大量明清时期的建筑，整体村落建筑风格依山就势，错落有致。村内丰富的历史文化遗存（古桥、古巷、古树、古碑刻、古祠堂和古民居等）和朱子文化吸引了众多前来观赏的游客。

桂峰历史悠久，自北宋名臣蔡襄之九世孙蔡长，于宋淳祐七年（1247年）肇基以来，迄今已770多年了。南宋中后期，金兵南侵，小朝廷偏安东南，中国的政治经济文化中心也随之南移。作为名门之后的蔡长，承祖训避世筑居、耕读传家，桂峰便成为他理想的首选之地。后来，尤溪至福州的一条官道从桂峰经过，是尤溪内地达官贵人、商贾小贩和艄排工人往返福州的必经之地和食宿的唯一中转站，促使桂峰迅速地繁华起来，素有“小福州”之美称。“四寻客栈五步楼，比屋弦声乐悠悠；梦寐以求寄居地，旅客旋步三回头”是当时桂峰情景的真实写照。蔡氏子孙在这里经过几个世纪的辛勤耕耘、创造文明，使桂峰成为方圆几百里之内的名门望族。整个村落的建筑风格独特，依山就势分布于村的三面山坡上，层层叠叠，错落有致，村中小桥流水，曲巷通幽，四周群山环抱，云雾萦绕，山清水秀，气候宜人，真可谓旋踵即景、移步换天。漫步村中，宛如涉足于一片梦中仙境。许多专家学者来桂峰参观后惊叹：“厝厝均有文化，满街都是历史。”

桂峰村满目皆古，古道、古街、古树、古书斋、古碑刻、古画、古族谱等，最出色的则是古建筑，其中最具典型代表的有：蔡氏祖庙、蔡氏宗祠、石狮厝、楼坪厅大厝、后门山大厝、后门岭民居、后门田大厝、资寿寺（古建筑都存有详细的VCD声像资料）。据统计，清代以前的古建筑就有39座。重点介绍以下几个建筑：

蔡氏祖庙：蔡氏祖庙位于村中心，坐南朝北，占地面积1 390平方米，建筑面积731平方米，为二进式单檐歇山顶木构建筑，是蔡氏最早的肇基之地。祖庙背倚青山，面朝绿水，龙脉雄伟，案堂俊秀，地理先生称之为“飞凤衔书”。从建筑的风格来看，祖庙并不豪华，但在蔡氏子孙的眼中，却占有十分重要的位置。

蔡氏宗祠：蔡氏宗祠位于石印桥上游。系清康熙八年（1669年）蔡茂相（名云鹤）高中进士后，第三年为首主持兴建的。据桂峰《蔡氏族谱》记载：当时正值盛世，也是蔡氏家族鼎盛时期，“一时拨币兴工，备极辉煌冠冕”。从此，它成为蔡氏族姓最重要的纪念性建筑之一。

石狮厝：石狮厝位于村部右后侧，因厝藏一精美的石狮而得名。该厝系蔡氏天房二十五世加朝公于清嘉庆年间所建。面阔5间，进深3间，占地面积590平方米，建筑面积486平方米，为二进穿斗式歇山顶木构建筑。

楼坪厅大厝：该建筑位于村部后侧，占地面积594.6平方米，建筑面积520平方米，为二进穿斗式木构建筑，是台胞蔡龙豪先生儿时旧居。因地势陡峭，于右侧另搭一楼板为厅，故曰“楼坪厅”，主体建筑至今仍保存完好。

后门山大厝：后门山大厝为独立建筑，始建于明末清初年间。占地面积3 000多平方米，建筑面积1 400平方米。为三进重檐歇山顶穿斗式木构建筑。据记载，本厝出过文武举人各1名、秀才7名，文化氛围浓厚，在桂峰村影响较大。

后门岭民居：位于村部左后侧山边，方向坐丁向巽（45°）。为二进单檐穿斗式木构建筑。中轴线上依次为后堂、厢房、二堂、门亭。左右为横厝，左侧建有华表山门。占地面积1 026平方米，建筑面积893.75平方米。始建年代为清乾隆十二年（1747年）。

后门田大厝：后门田大厝位于村部右侧山边，方向坐东朝西。占地面积1 000多平方米，建筑面积600多平方米。为三进重檐歇山顶木构建筑，面阔5间，进深3间，四周筑以围墙。始建年代为清咸丰年间，据载，因厝主在该房建筑后期出现意外变故，地面部分还来不及装修，迫使工程中断，故留下一些缺憾。但是，就其艺术氛围来说，不失为桂峰现有建筑的佼佼者，在本省民居中也是独树一帜。特别是木刻艺术，工艺精湛，数量繁多，堪称尤溪县各类古建筑之最。

资寿寺：又称“皇山寺”，位于村东2 000～5 000千米处，是一座千年古寺。建于唐乾宁四年（897年），明崇祯十二年（1639年）重修，清乾隆二十七年（1762年）僧瑞光复修。建筑主体部分保留典型的唐代风格，占地面积4 000多平方米，现存建筑面积500平方米，中轴线上依次为观音殿、三宝佛殿、放生池、回廊山门。整个建筑拾级而上，寺门踏跺高达30多层，殿宇显得庄严肃穆，气派非凡。(1992年，该寺被列为尤溪县文物保护单位)。

(9) 龙门场古银杏林

中仙龙门场古银杏群，是福建省最大的古银杏群，位于福建省尤溪县中仙乡善林村，因其历史悠长、传说神奇和风景秀丽而闻名遐迩，是科普、寻访古迹和观光和摄影的胜地。距县城57千米，方圆几百亩的中仙乡龙门场内，有近300棵古银杏树。拥有700多年树龄的龙门场古银杏树，平均胸径50多厘米，最大的胸径达到160多厘米，最大的一株古银杏树高达20多米、树冠直径达20多米。龙门场自然村历史悠久，有较深厚的文化积淀，拥有古银杏群、龙门古洞、宋代炼银遗迹、朱熹遗迹、古民居建筑等众多人文遗存。古老的银杏树历经沧桑，有顽强的生命力。龙门古洞云遮雾绕，闽中古居错落有致，古树、古洞和古宅至今保存完好，仍保留着明清时期的历史风貌，丰富的历史文化遗存和深厚的朱子文化渊源的魅力吸引着来自四面八方的游客。

银杏树叶是银杏树最美的部分，它们因季节而变换色彩，构成了一道道独特的风景线。盛夏时节，无论是夕阳辉映的傍晚，还是星星点灯的深夜，村民们常常扶老携幼，在银杏树下纳凉，悠闲地享受着天然的“空调氧吧”，别是一幅纯真的田园诗画。

进入秋季，尤溪县700多年树龄、近300株古银杏树到了生果采收期。这些古银杏树枝繁叶茂，皮色转黄的银杏果掩映在茂密的扇形叶中，似串串珍珠。据了解，今年尤溪县可收古银杏白果达30多吨，按目前市场价格，果农增加经济收入达60多万元。

龙门场茫茫群山遍植银杏林，村在树丛中，房在杏树下，整个村落被镶嵌在古老的银杏林里。村民们的住房至今还保留着闽中传统居民的木质结构风格，显得古朴有致。一条小溪从村里缓缓流过，河水清澈见底，使古老的村庄更显得生机和灵性。人与自然和谐天然地整合在了一起。

现在，从中仙乡龙门场直达尤溪县城的县道水泥路已经贯通，这里诱人的景致，吸引了越来越多的人到此探古访胜、游览观光。随着尤溪县自然生态森林旅游的兴起，目前该县已在着手将龙门场古银杏群建成集科普、探古、旅游、观光等为一体的胜地，给到尤溪的旅人又增添了一个好去处。

龙门场古银杏林（尤溪县文体和旅游局／提供）

（10）公馆峡古民居

公馆峡古民居位于福建省尤溪县新阳镇双鲤村（因村中的小河里有两块石头酷似鲤鱼而得名），距县城18千米，亦称卢氏公馆、卢兴邦故居。卢兴邦是近代传奇人物，他出身寒微，后来却当了国民革命军新编第一独立师少将师长，成为管辖闽北22县军政大权的一方霸主。卢兴邦在发迹之前只是一个贫穷的农民，自幼丧父丧母，靠其伯父收养，七八岁开始替人家放牛砍柴，从小就和村里的孩子玩要打斗，养成了横竖不怕的倔脾气。农闲时给财主老板挑盐、挑草纸、挑杂货，赚点血汗钱糊口。发迹之后，就把旧居从朱源里自然村搬迁到新阳镇的双鲤村，盖起了一座华丽堂皇的“卢氏公馆”，至今仍保持完好，所在地也改名为“公馆峡”。2009年被列为福建省文物保护单位。公馆峡古民居坐北朝南，平面呈长方形，占地面积3 150平方米，建筑面积为2 194平方米。中轴线依次为正堂、中堂、山门墙等建筑，主体为土木砖石结构，面阔5间，单檐悬山顶。目前，公馆峡古民居也是知名旅游胜地。

（11）伏虎岩

伏虎岩位于尤溪县联合集镇，距尤溪县城36千米，离南平市区46千米。南尤公路从景区脚下而过，福银高速公路与景区隔河相望而行，从高速公路尤溪互通口下，12千米就能抵达游览区。始建于南宋淳熙元年（1174年），已有800余年，总面积2 370平方米。主要有石门祖殿、文昌阁、石门塔、接佛亭、览胜亭、观音堂、虎啸亭、泰山宫、虎岩洞和摩崖石刻、七层宝塔等十八处宋、元、明、清建筑景点，其中石门祖殿为清康熙皇帝御赐“石门殿”。

相传联合古代多虎患，耕牛常受侵袭，后猛虎被一位云游仙人收服，从此虎患根除，仙人也被后人尊为“伏虎禅师”。为纪念伏虎禅师的功德，联合每年农历二月二十七举行伏虎岩庙会，届时联合五保恭迎伏虎禅师巡游全境，保一方太平，附近地区常有近万人参加。每年热闹非凡的伏虎岩庙会，便是历史上当地人征服虎患的一

伏虎岩庙会（尤溪县联合镇/提供）

种历史记忆。2001年，经尤溪县人民政府批准，景区内摩崖石刻被列为县级文物保护单位，范围基本包括了整个景区。

（12）倒排岩

倒排岩森林公园，位于尤溪县北部，梅仙镇东坪、双峰、龙云和云林等4个村的交界处，距县城33千米，是戴云山脉和玳瑁山脉的过渡性森林和野生动植物区系的典型地带。森林植物资源丰富，种类繁多，是福建省野生动物资源丰富的地区之一。倒排岩最高海拔1 269.8米（倒排岩主峰），最低263米，园内风光秀丽。除了倒排岩以外，公园内还有千米以上的高峰数十座，包括尤溪县十景之一双峰山“双峰挂日”、莲花峰、百丈际、角山、吾鼻溪、鸭母岩、金鸡山及金鸡车等自然风景名胜。

（13）大拇指山

大拇指山（又名白岩山、大模山），坐落于福建省的中东部，汤川乡的中部。离县城56千米，距省会福州104千米。海拔1 472米，是尤溪县的最高峰。全境面积20 077亩。是未开发的处女地，是避暑、度假、生态旅游胜地。

气候宜人，颐养身心。位于东经118°28′15″，北纬26°7′35″。处于亚热带大陆性气候和海洋性季风气候交汇区。年平均气温12.5～14℃，最低气温-7.5℃，最高气温29℃，相对湿度85%，日照率41%。入春迟，出秋早，夏天凉爽。是天然氧吧，有助于人们健康、长寿。

植物繁茂，千姿百态。有南方红豆杉、闽楠、香樟、花榈木、红豆树、金毛狗、沉水樟、福建青冈、梨茶、短柱树参、罗汉松、深山含笑、少叶黄杞等珍贵树种。属保存较完好的中亚热带天然林，林中有如巨蟒相缠、夫妻相拥、盘腿打坐等奇特的树木造型。有金线莲、短萼黄莲、石仙桃等名贵野生药材。有红菇、灵芝、银耳、香菇、黑木耳等野生菌类。万亩特种松柏，树皮虬纹，树枝虬生，堪与黄山迎客松相媲美。万亩特有少穗肿节竹，其笋肉脆甜嫩，拗断处像马蹄，称“蹄笋”；笋干小而金黄，价值较高，又称为“金丝笋”。种植于海拔千米的千亩杨梅，让你尽情观赏果园风光，感受农家乐趣。

动物珍多，一饱眼福。有虎纹蛙、棘胸蛙、蟒蛇、眼镜王蛇、银环蛇、烙铁头蛇、鹰嘴龟、白鹇、苍鹰、黄腹角雉、苏门羚、山

大拇指山（尤溪县文体和旅游局/提供）

鹿、云豹、猕猴、穿山甲、小鲵等珍贵、濒危物种。彩蝶纷飞，虫鸣鸟叫，让你尽情享受来自大自然的音乐电视。

山花浪漫，沁人心脾。有山茶花、猴头杜鹃、兰花、百合花、紫藤花、福建含笑、福建野樱花等名贵花种。更有百亩红杜鹃，当花盛开之时，甚为壮观，似朝霞，似烈火，红彤彤一片，使人陶醉。

野果飘香，赏心悦目。有枇杷、李子、猕猴桃、柿子、锥栗、荔枝、山梨、白杨梅、红杨梅、丁香木兰子、黄枝子等或可吃或香或美野果。

怪石嶙峋，鬼斧神工。有仙人脚印、仙人棋盘、仙人洞、藏宝石、大赤壁、万人铺、大沙发、神牛下山等或传或像的石成景点。

仙水流韵，气象万千。雾气腾绕，美妙无比。每临冬天，冰雕玉琢，白雪皑皑，絮花层叠，美轮美奂。每年有80天以上或雾或冰雪天气。有天池、十八小溪、十二龙潭、猪槽潭瀑布等景观。水质上乘，被誉为天然矿泉水。

登高遥望，魅力无穷。站在顶端，犹如身处仙境，方圆几千平方公里的景物尽收眼底。朝观日出，晚看夕阳，霞光万千，情趣万千。俯瞰绿色翡翠，美不胜收。远视云海茫茫，流连忘返。使人感到豪爽、霸气，令人心旷神怡。

推荐线路

尤溪县推出了多条旅游精品线路，主要如下。

（1）闽南方向

一日游线路推荐

A线，厦门出发→闽湖→九阜山→回程。

B线，厦门出发→朱熹诞生地→联合梯田→回程。

C线，厦门出发→桂峰村古民居→汤川“天下侠谷”→回程。

D线，厦门出发→联合梯田→桂峰村古民居→回程。

二日游线路推荐

A线

D1，厦门出发→九阜山→朱熹诞生地，食宿县城，夜游尤溪紫阳公园；

D2，桂峰古民居→汤川“天下侠谷”→回程。

B线

D1，厦门出发→闽湖→九阜山景区，晚上吃住在尤溪县城（夜游尤溪紫阳公园）；

D2，朱熹诞生地→联合梯田后→回程。

C线

D1，厦门出发→闽湖→朱熹诞生地，食宿县城，夜游尤溪紫阳公园；

D2，汤川“天下侠谷”→桂峰村古民居→回程。

（2）福州方向

一日游线路推荐

A线，福州出发→汤川“天下侠谷”→桂峰古民居→回程。

B线，福州出发→汤川“天下侠谷”→联合梯田→回程。

C线，福州出发→桂峰古民居→联合梯田→回程。

D线，福州出发→朱熹诞生地→九阜山→回程。

二日游线路推荐

A线

D1，福州出发→汤川“天下侠谷”→桂峰古民居→枕头山日落“云海”→食宿枕头山；

D2，枕头山日出“云海”→朱熹诞生地→联合梯田→回程。

B线

D1，福州出发→汤川“天下侠谷”→联合梯田→福州出发→食宿县城，夜游尤溪紫阳公园；

D2，朱熹诞生地景区→桂峰古民居→枕头山日落“云海”→回程。

C线

D1，福州出发→联合梯田→朱熹诞生地，食宿县城，夜游尤溪紫阳公园；

D2，桂峰村古民居→汤川“天下侠谷”→回程。

（3）尤溪四季精品二日游

D1，闽湖→朱熹诞生地→桂峰古居。早上8：00从厦门出发→12:00抵达闽湖国家水利风景区。闽湖中餐后，乘游船游览福建最大的人工湖，体验湖光山色的美景、步入闽心公园（福建地标最中心点），触摸福建的心脏。15：00乘车赴县城（车程约1小时），参观朱熹诞生地（游览时间约1小时）（文公祠、南溪书院、半亩方塘、开山书院、博物馆），晚餐后入住县城星级酒店，并前往紫阳公园欣赏夜景及音乐喷泉。

D2：早上8:00出发，9:30抵达浏览中国历史文化名村——桂峰，整个村落依山而建，层层叠叠，错落有致，现存明、清时代古建筑39幢，是福建省目前发现保存最完整的明清建筑风格古建筑群。整个村落依环山而建，层层叠叠，错落有致。村中小桥流水，曲巷通幽。12：00在桂峰农家乐用午餐（品尝当地农家饭菜）。12：30出发前往枕头山，13：30抵达浏览省级森林公园枕头山，云林寺、蓬莱阁、瞭望塔、森林氧吧、马腰寨等，或选择垂钓、烧烤、采摘等休闲体验项目。16:00结束愉快旅行返程。

（4）文化品位之旅

线路一：桂峰→朱熹诞生地→公馆峡。早上8：00从福州出发，10：00抵达浏览中国历史文化名村桂峰（游石印桥→蔡氏宗祠→石砌街区→楼坪厅→石狮厝→七家头厝→后门田厝→长房厝→后门山厝→后门岭厝→蔡奇祖居→立刚堂→蔡氏祖庙→武举厝→半月塘书斋→下坪古街→姻缘树→福州古道→引凤亭等景）→11：30在桂峰用午餐（品尝当地农家风味）→12：30前往尤溪县城→14：00抵达浏览朱熹诞生地（文公祠、南溪书院、半亩方塘、开山书院、博物馆）→14：30前往双鲤村→15：30抵达公馆峡，浏览一代传奇人物卢兴邦故居、鲤鱼跃龙门等景点，17：30结束愉快旅程返程。

线路二：桂峰→郑氏大厝→朱熹诞生地。早上8：00从福州出发，10：00抵达浏览中国历史文化名村桂峰（游石印桥→蔡氏宗祠→石砌街区→楼坪厅→石狮厝→七家头厝→后门田厝→长房厝→后门山厝→后门岭厝→蔡奇祖居→立刚堂→蔡氏祖庙→武举厝→半月塘书斋→下坪古街→姻缘树→福州古道→引凤亭等景）→11：30在桂峰用午餐（品尝当地农家风味）→12：30前往郑氏大厝，14：00抵达省级文物保护单位——厚丰郑氏大厝（玉井坊），该厝建造历时十余年。建筑风格豪华壮观，文化内涵富有特色，是尤溪县保存最为完整的一处典型民居。主体由一座正厝和一座扶厝以及二壁舍、二厢房、九个过水亭组成。16：00前往尤溪县城→18：00抵达浏览朱熹诞生地（文公祠、南溪书院、半亩方塘、开山书院、博物馆）。晚上可前往紫阳公园观看喷泉表演和水幕电影（免费开放式），住闽中大酒店或尤溪宾馆。

（5）生态休闲之旅

乡村休闲一日游：枕头山→田头洋漂流。早上8：00从福州出发→10：30抵达浏览省级森林公园枕头山（云林寺、蓬莱阁、瞭望塔、森林氧吧、马腰寨）→11：30在云林山庄用午餐（品尝乡村风味小菜），下午可自由选择垂钓、采摘等活动或前往际口村→13：00抵达田头洋漂流，该漂流全长3千米，水面最宽处32米，最窄处2米，有8处急流，最大落差5米，漂流时长平均2小时。以水质好、地势险、水流急、弯道多、落差大为主要特点，顺水漂流，波急浪涌、惊心动魄，万般刺激，既有高歌击桨的豪放，又有搏浪飞舟的激越，还可感受到原始森林幽谷千姿百态的奇景，一舟一桨穿行在古藤飞舞林间，别有一番情趣。15：30漂流结束，可自由浏览瀑布群、明清年间的廊桥、古官道、古民居等众多历史文物古迹。17：30或选择就地晚餐或结束愉快旅程返程。

亲近山水一日游：枕头山→闽湖。早上8：00从福州出发→10：30抵达浏览省级森林公园枕头山（云林寺、蓬莱阁、瞭望塔、森林氧吧、马腰寨）→12：00在云林山庄用午餐→13：00前往闽湖→15：00抵达浏览闽湖街面电站大坝、万象石、乘快艇畅游福建最大的人工湖，体验湖光山色的美景、步入闽心公园（福建地标最中心点），触摸福建的心脏→17：30结束愉快旅程返程。

田园风光一日游：联合梯田→金鸡山。早上8：00从福州出发，10：30抵达联合梯田。联合梯田是中国五大魅力梯田、福建最美的梯田。那古朴、秀美、如诗如画、充满神奇魅力的梯田，仿佛进入一个神奇的世界：从乡政府所在地联合村起，连接联东、联南、联西、东边、云山、下云、连云等8个行政村，最高海拔为近900米，最低500多米，垂直落差达400米，连绵数十里，面积数千亩，可谓一气呵成。洋洋大观，风光无限，逶迤青山，一步一景，青瓦竹楼，亦真亦幻，犹如一幅巨型的山水画卷。早上浏览东边梯田，11：30在云林山庄午餐，下午可继续浏览云山梯田、连云梯田或出发前往金鸡山，金鸡山是尤溪县联合镇的最高峰。站在金鸡山上，可以眺望联合镇全境，把联合梯田尽收眼底。17：00结束愉快旅程返程。

金秋赏杏一日游：龙门场银杏林。早上8：00从福州出发，11：30抵达全省面积最大的古银杏群落、福建省摄影创作基地，发现海西之美十佳景点——龙门场银杏林。午餐后浏览古代炼银遗迹、龙门古洞、闽越风格的古民居、古银杏林等。据考证，龙门场古银杏林树龄平均已达800多年，方圆百亩的小村庄内有360多棵，平均胸径50厘米，最大的达160厘米。

(6) 红色苏区之旅

经典红色之旅：大福圳→烤坑→后山渡→京口。早上8：00从福州出发，10：30抵达大福圳开始浏览红军标语群、红军北上抗日先遣队遗址、闽赣省苏维埃政府旧址等红色线路。尤溪是一座红色古城，是革命战争时期福州连接闽西、闽北苏区的重要交通要道，是由福州往中央根据地瑞金、闽西北苏区运送物资的必经之地，为革命做出突出贡献。1931年6月，曾被毛主席确定为红四军的主要“筹款区域”，为缓解中央苏区物质紧张做出了积极贡献。1931—1935年，彭德怀、滕代远、粟裕等领导的中央红军红四军、红四师、红五师、红十九师、红三军团、红七军团、红九军团共3万多人先后5次进入尤溪组织开展武装斗争，帮助尤溪建立苏维埃政权。

（二）联合梯田的美食与特产

联合梯田的主要美食包括尤溪大条面、尤溪清汤面、管前金柑、板面老酒、梅仙光饼、新阳板鸭、尤溪绿茶、茶籽油、泥鳅粉干、朱子家宴等。

1. 尤溪金柑

2001年10月，国家林业局公布的《第二批中国名特优经济林之乡名单》，尤溪县在全国四大金柑基地中脱颖而出，成为全国唯一的“金柑之乡”。作为尤溪特产，金柑在尤溪至少有300多年的栽培历史。在宋代时曾被作为贡品，被誉为水果中的“皇妃”。金柑果大皮薄核少，酸甜可口，皮肉均可食用，是柑橘类水果中的珍品，营养价值很高。金柑还可作为药用，对于高血压、心血管疾病有良好的疗效。此外，生食还可以理气补中。目前，整个尤溪县金柑种植面积达到3.5万亩，成为全国金柑四大产地之一。

2．红心柚

尤溪盛产红心柚。柚子是一种药用价值很高，受人们喜爱的水果，也是医学界公认的最具食疗效果的水果。红心柚又称血柚，除了具有白心柚所具有的保健功效外，所含天然色素对人体具有保健作用，微量元素如黄酮类色素大部分具有维生素p的功能，类胡萝卜素中的β－胡萝卜素和番茄红素还能抗氧化，有助于清除人体内的自由基，从而起到提高免疫力，延缓衰老的功效。

3．茶籽油

尤溪是福建省油茶第一大县，共有油茶林23.5万亩，2009年被中国经济林协会评为“中国油茶之乡”。目前全县油茶面积20.28万亩，占整个福建省油茶林总面积的约10%。

4．绿笋

绿笋是尤溪县的另一特产。尤溪森林资源丰富，其林产品也同样丰富，竹笋及笋干就是之一。尤溪县的笋常年供应不断，春夏秋冬各有不同的笋种，如春笋、冬笋等。最好的当属尤溪绿笋，又称为马蹄绿笋，营养丰富，可以清凉解毒、降压和降脂，同时也是上好的烹饪原料，与其他鲜笋相比肉质细嫩，甜鲜可口。

5. 绿茶

尤溪茶叶历史悠久，从宋朝开始就大面积种植茶叶。在南宋朱熹的《茶灶》中，就有“饮罢方舟去，茶烟袅细香”的斗茶品茗诗句。据有关资料记载，尤溪人民早在10世纪中叶就开始引进和栽培茶叶，并在长期的生产实践中，积累了丰富的栽茶、制茶和野生茶利用记忆，创制了汤川普济茶、华口水仙茶、明山圣王茶、音头山仙茶三大地方茶树品种。尤溪是我国第二批无公害茶叶生产示范基地县，全县250个村中，适宜种茶的就有156个村。尤溪良好的生态环境造就了其优质的绿茶。尤溪的绿茶和绿笋同时都是地理标志产品。尤溪县绿茶产于海拔700米高的高山茶园，与几千种野生动植物和谐共生，其芽叶蕴含营养成分及内含物质比平原茶更加丰富。目前，尤溪县茶园总面积达到8.53万亩，其中无公害茶园近4万亩。

6. 梅仙肉光饼

尤溪一直保留着农历四月初八吃光饼的习俗，光饼也是旧时当地老百姓改善伙食的主要食品。如今梅仙肉光饼已成为当地的一项重要产业，“梅仙肉光饼”风味小吃项目在2014年福建省林业博览会上被评为银奖。

7. 尤溪大条面

大条面是尤溪县著名的汉族面食小吃，又称乌冬面。粗如筷子，又称筷子面。大条面在尤溪非常普遍，无论哪家小吃店都有大条面。大条面制作方法简单，有多种吃法，如干拌、和高汤、炒面等。民间有“到尤溪旅游不品尝面食，就如没有到过尤溪一样”的说法。

8．双鲤烤鸭

双鲤烤鸭，因最初出自尤溪县新阳镇双鲤村而得名。双鲤烤鸭也是尤溪出名的特产，通常把鸭烤得平整且干湿适中。双鲤烤鸭，鸭皮脆而有嚼劲，鸭肉嫩而结实，味道鲜美，入口难忘。

9．尤溪清汤面

尤溪清汤面的精华在于汤。要用去了皮的上好带骨猪头肉以温火慢熬，熬成热腾腾的面汤，下面，撒上葱花，然后出锅。据说只有用尤溪当地的农家土猪的肉骨熬制，才能出来味鲜不油腻的汤。

10．泥鳅粉干

据说只有到尤溪县管前镇、八字桥乡的路边店或农家店才能吃到地道的泥鳅粉干。泥鳅粉干的制作方法比较复杂，需要先洗净泥鳅，然后用茶油来养，之后倒入冷却的骨头汤，文火烧20多分钟，再加入泡过的粉干，加入调味料，完成制作。其他佐料可根据个人的喜好加入。

11．九肠

九肠取“久长”之意，寓意好事又久又长，是一种做法类似拉面的面食，在尤溪很常见。九肠不现拉现煮，须先拉好、氽熟成半成品九肠面晾凉待用。九肠既可热拌，也可加辅料作煮九肠面，或者炒九肠面。九肠面的特点是面的质地有韧性、有嚼劲、有特有的面香味。

12. 朱子家宴

朱子家宴是南宋朱熹留下的美食盛宴。相传朱熹注重礼仪，热情好客，但他又谨守“勤俭乃持家之本”的原则，宴客不以大鱼大肉，却从家常小菜中精心雕琢，同时又蕴含其理学思想，简约而不简单。朱子家宴取材于山野，田螺、白莲、溪鱼、竹笋、野菇均可入菜。正如其所说的“饮食约而精，园蔬胜珍馐”。朱子家宴中不少菜都颇有来历，如“文公菜”原名“十锦”，是朱熹当年在武夷精舍讲学时宴请宾客的拿手好菜。朱熹谥号“文公”，所以后人将其称为“文公菜”。据说，过去的秀才、举人在赶考前，亲人都要制作文公菜来践行。此外，“朱子面”是朱熹幼年最爱的主食，“葱香麦饭”源于“朱熹教女”的典故，“白莲汤”则是朱熹感怀母亲煮莲教诲等。如今，朱子家宴已经成为尤溪宾馆、好日子酒楼的招牌名宴，并且已经申请中国文化名宴。

（三）联合镇的天气情况

尤溪县年平均气温18.9℃，1月最冷，月平均气温8.0～12.0℃，7月最热，月平均气温26.6～28.9℃，梅雨季为5～6月。冬季为观赏梯田蓄水的摄影适宜时间，而初夏是气温上最适宜游览联合梯田的时节。

（四）推荐交通方式

尤溪地处“海西”中心腹地，紧邻福州、南平、泉州三市辖区，是三明中心城市的东门，是闽西北连接闽东南的重要交通枢纽。

公路：尤溪县城处于尤溪各旅游区的中心，福银高速、厦发高速、浦炎高速等高速公路和314省道与其他城市相连。304省道横穿县城，福银高速距县城23千米，建设中的向莆铁路、厦沙高速距县城6千米。

水路：有尤溪口和西滨两个500吨级码头。

随着沙厦高速公路（G2517沙县—厦门集美）通车，尤溪到三明机场仅需40分钟，马福州、厦门、泉州、莆田等中心城市行成2小时生活圈，实现尤溪2小时到达闽南经济圈，3小时到达江西赣州、珠三角经济圈，4小时到达长三角的旅游交通网。

（五）主要的旅行社及酒店

1. 尤溪县住宿推荐

尤溪住宿十分方便，酒店有尤溪酒店、明都大酒店、闽中大酒店、尤溪橡树湾商务酒店、友谊宾馆、三明尤溪金都宾馆等。

尤溪住宿一览表

序号	酒店／宾馆名称	具体地址	联系电话（区号：0598）
1	闽中大酒店（四星）	城关镇闽中大道2号	6219999
2	尤溪宾馆	城关镇设东街58号	6320999/6309699
3	百联大酒店	城关镇团结巷15号	6321286
4	尤溪县供销宾馆	城关镇七五路17号	6300968
5	明都大酒店	城关镇七五路25号	6307028/6309338

（续）

序号	酒店／宾馆名称	具体地址	联系电话（区号：0598）
6	鸿星宾馆	城关镇解放路 8 号	6305188
7	水东宾馆	城关镇闽中大道 3 号 7 幢 2 层	6330066
8	茶城宾馆	城关镇环城路 173 号	6329299
9	二轻宾馆	城关镇七五路 1 号	6335803
10	假日宾馆	城关镇文公桥南岸 3 号楼	6333139
11	向阳快捷酒店	城关镇七五路 23 号（汽车站正对面）	5083188
12	友谊商务宾馆	城关镇环城路 58 号（玉带桥南岸）	6333316
13	小时光旅社	城关镇紫阳大道 2 号财富公馆 A4 幢	6330668/6385266
14	沈百宾馆	城关镇七五路 9 号（文苑大厦右边）	6355888
15	锦鸿宾馆	城关镇东一路 3 号锦鸿佳园 1 号楼	6306333
16	橡树湾商务酒店	西城镇大池塘 15 号楼（动车站附近）	8767699
17	湘闽商务宾馆	西城镇大池塘安置点 2 号楼（动车站附近）	6395333
18	万达宾馆	西城镇大池塘安置点 18 号楼（动车站附近）	6396099
19	闽鸿宾馆	西城镇七口街	6393768
20	荣盛宾馆	西城镇城西街 256 号	6333669
21	洋中亿丰宾馆	养中镇中心街 88 号	6229999
22	胜大商务公寓	洋中镇中村中兴路（洋中中学对面）	6227555
23	腾飞商务公寓	洋中镇洋中村洋中路（高速路口附近）	6227989
24	天下峡谷农家乐合作社	汤川乡胡厝村天下峡谷农家乐	18659873816
25	闽湖鸿瑞假日酒店	坂面镇闽湖村林坂山第一排（闽湖景区内）	13850822622
26	梯田豪杰家庭农场	联合乡连云村 11 号（联合梯田景区内）	15080598036/6247039
27	云禄山庄	联合乡云山村（联合梯田景区附近）	13859448866/18259888889

2. 旅行社

尤溪主要有尤溪县九州旅行社、康辉假日旅行社、三明中旅假日旅行社游戏分社、尤溪县朱子文化旅行社、青旅、春秋国际旅行社、中国国际旅行社尤溪分社等。

旅行社一览表

名称	电话	地址
福建省假日国际旅行社有限公司尤溪营业部	0598-5089889	尤溪县城关镇七五路17号一层
福建三明假日旅行社有限公司尤溪西站营业部	0598-6302277	尤溪县汽车西站西侧楼梯一间
厦门驴妈妈国际旅行社有限公司尤溪中心路营业部	0598-6333926	尤溪县城关镇中心路9号
厦门驴妈妈国际旅行社有限公司尤溪营业部	0598-6300779	尤溪县城关镇民主路18号
福建旅百通国际旅行社有限公司尤溪城关七五路营业部	0598-6313058	尤溪县城关镇解放路19号一楼
福建智游之旅国际旅行社有限公司尤溪营业部	0598-6309897	尤溪县城关镇民主路3-13裙楼22号座
福建中青国际旅行社有限公司尤溪分公司	0598-6332266	尤溪县城关镇建设东街58号
三明康辉旅行社有限公司尤溪分公司	0598-6333926	尤溪县城关镇中心路9号
福建省中国旅行社尤溪分社	0598-6309998	尤溪县城关镇解放路19号一层
福建三明假日旅行社有限公司尤溪营业部	0598-6301868	尤溪县城关镇解放路33号一层2号店
青旅假日福建国际旅行社有限公司尤溪分公司	0598-6305567	尤溪县城关镇解放路12号（县教育局楼下）
三明中国国际旅行社有限公司尤溪分公司	0598-6306416	尤溪县城关镇解放路3号
福建环球国际旅行社有限公司尤溪分公司	0598-6330909	尤溪县城关镇建东街2号楼3号店

（六）联合梯田旅游小贴士

1. 旅游信息查询

近年来，尤溪加速了对旅游公共服务体系的建设。2010年1月，尤溪旅游网（www.yxtaw.com）正式对外开放，游客通过这个网络平台，可以及时迅速地了解尤溪县各类旅游信息，获得便捷地咨询服务。

2. 交通信息

朱熹诞生地景区距京福高速公路大排互通口28千米，距福州149千米，距三明123千米，距南平80千米，距德化90千米。闽湖风景区距京福高速公路大排互通口79千米，距福州200千米，距三明174千米，距南平159千米，距德化40千米。桂峰古民居景区距京福高速公路洋中互通口12千米，距福州98千米，距三明146千米，距南平103千米，已与周边地区形成良好的交通网络，便捷的交通条件为各方游客提供了旅游方便。

3. 天气情况

尤溪联合梯田地处中亚热带季风性气候，气候湿润，雨水充沛，雨热同期，季节分明。同时尤溪联合梯田又是典型的南方山地丘陵气候，由于海拔落差近700米，梯田所在的高山片区气温较低，昼夜温差较大，时常伴有大雾，早晚需要注意穿衣。

春季为每年的3～5月，4月起进入梅雨季节，高山片区早晚雾气较浓，气温较低。

夏季（6～9月）低海拔地区天气较为炎热，降雨较多，时常有台风天气，出行时需做好防暑降温及注意降雨；高山片区气候较为凉爽，是消暑避夏的胜地。

秋季（10～11月）气候较为适宜，天气晴朗，降雨较少，同时是稻谷丰收的季节，是观赏尤溪联合梯田的最佳时节之一。

冬季（12月至翌年2月）高山片区较为寒冷，由于湿度较大，是南方特有的湿冷，并伴随霜冻天气；梯田核心区在过去的年份中偶有降雪，雪后的尤溪联合梯田别有一番景致。

附录3 全球/中国重要农业文化遗产名录

1. 全球重要农业文化遗产

2002年，联合国粮食及农业组织（FAO）发起了全球重要农业文化遗产（Globally Important Agricultural Heritage Systems, GIAHS）保护倡议，旨在建立全球重要农业文化遗产及其有关的景观、生物多样性、知识和文化保护体系，并在世界范围内得到认可与保护，使之成为可持续管理的基础。

按照FAO的定义，GIAHS是“农村与其所处环境长期协同进化和动态适应下所形成的独特的土地利用系统和农业景观，这些系统与景观具有丰富的生物多样性，而且可以支撑当地社会经济与文化发展的需要，有利于促进区域可持续发展。”

截至2020年4月，FAO共认定59项全球重要农业文化遗产，分布在22个国家，其中中国15项。

全球重要农业文化遗产（59项）

序号	区域	国家	系统名称	FAO 批准年份
1	亚洲（9国、40项）	中国（15项）	中国浙江青田稻鱼共生系统 Qingtian Rice-fish Culture System, China	2005
2			中国云南红河哈尼稻作梯田系统 Honghe Hani Rice Terraces System, China	2010

（续）

序号	区域	国家	系统名称	FAO 批准年份
3			中国江西万年稻作文化系统 Wannian Traditional Rice Culture System, China	2010
4			中国贵州从江侗乡稻鱼鸭系统 Congjiang Dong's Rice-fish-duck System, China	2011
5			中国云南普洱古茶园与茶文化系统 Pu'er Traditional Tea Agrosystem, China	2012
6			中国内蒙古敖汉旱作农业系统 Aohan Dryland Farming System, China	2012
7			中国河北宣化城市传统葡萄园 Urban Agricultural Heritage of Xuanhua Grape Gardens, China	2013
8			中国浙江绍兴会稽山古香榧群 Shaoxing Kuajishan Ancient Chinese Torreya, China	2013
9	亚洲（9 国、40 项）	中国（15 项）	中国陕西佳县古枣园 Jiaxian Traditional Chinese Date Gardens, China	2014
10			中国福建福州茉莉花与茶文化系统 Fuzhou Jasmine and Tea Culture System, China	2014
11			中国江苏兴化垛田传统农业系统 Xinghua Duotian Agrosystem, China	2014
12			中国甘肃迭部扎尕那农林牧复合系统 Diebu Zhagana Agriculture-forestry-animal Husbandry Composite System, China	2017
13			中国浙江湖州桑基鱼塘系统 Huzhou Mulberry-dyke and Fish-pond System, China	2017
14			中国南方山地稻作梯田系统 Rice Terraces System in Southern Mountainous and Hilly Areas, China	2018

（续）

序号	区域	国家	系统名称	FAO 批准年份
15	亚洲（9 国、40 项）	中国（15 项）	中国山东夏津黄河故道古桑树群 Traditional Mulberry System in Xiajin's Ancient Yellow River Course, China	2018
16		菲律宾（1 项）	菲律宾伊富高稻作梯田系统 Ifugao Rice Terraces, Philippines	2005
17		印度（3 项）	印度藏红花农业系统 Saffron Heritage of Kashmir, India	2011
18			印度科拉普特传统农业系统 Koraput Traditional Agriculture Systems, India	2012
19			印度喀拉拉邦库塔纳德海平面下农耕文化系统 Kuttanad Below Sea Level Farming System, India	2013
20		日本（11 项）	日本金泽能登半岛山地与沿海乡村景观 Noto's Satoyama and Satoumi, Japan	2011
21			日本新潟佐渡岛稻田－朱鹮共生系统 Sado's Satoyama in Harmony with Japanese Crested Ibis, Japan	2011
22			日本静冈传统茶－草复合系统 Traditional Tea-grass Integrated System in Shizuoka, Japan	2013
23			日本大分国东半岛林－农－渔复合系统 Kunisaki Peninsula Usa Integrated Forestry, Agriculture and Fisheries System, Japan	2013
24			日本熊本阿苏可持续草原农业系统 Managing Aso Grasslands for Sustainable Agriculture, Japan	2013
25			日本岐阜长良川香鱼养殖系统 The Ayu of Nagara River System, Japan	2015

（续）

序号	区域	国家	系统名称	FAO 批准年份
26	亚洲（9 国、40 项）	日本（11 项）	日本宫崎高千穗－椎叶山山地农林复合系统 Takachihogo-shiibayama Mountainous Agriculture and Forestry System, Japan	2015
27			日本和歌山南部－田边梅子生产系统 Minabe-Tanabe Ume System, Japan	2015
28			日本宫城尾崎基于传统水资源管理的可持续农业系统 Osaki Kôdo's Sustainable Agriculture System Based on Traditional Water Management, Japan	2018
29			日本德岛 Nisi–Awa 地域山地陡坡农作系统 Nishi-Awa Steep Slope Land Agriculture System, Japan	2018
30			日本静冈传统山葵种植系统 Traditional Wasabi Cultivation in Shizuoka, Japan	2018
31		韩国（4 项）	韩国济州岛石墙农业系统 Jeju Batdam Agricultural System, Korea	2014
32			韩国青山岛板石梯田农作系统 Traditional Gudeuljang Irrigated Rice Terraces in Cheongsando, Korea	2014
33			韩国花开传统河东茶农业系统 Traditional Hadong Tea Agrosystem in Hwagae-myeon, Korea	2017
34			韩国锦山传统人参种植系统 Geumsan Traditional Ginseng Agricultural System, Korea	2018
35		斯里兰卡（1 项）	斯里兰卡干旱地区梯级池塘－村庄系统 The Cascaded Tank-village Systems in the Dry Zone of Sri Lanka	2017

（续）

序号	区域	国家	系统名称	FAO 批准年份
36	亚洲（9 国、40 项）	孟加拉国（1 项）	孟加拉国浮田农作系统 Floating Garden Agricultural System, Bangladesh	2015
37		阿联酋（1 项）	阿联酋艾尔－里瓦绿洲传统椰枣种植系统 Al Ain and Liwa Historical Date Palm Oases, the United Arab Emirates	2015
38		伊朗（3 项）	伊朗喀山坎儿井灌溉系统 Qanat Irrigated Agricultural Heritage Systems of Kashan, Iran	2014
39			伊朗乔赞葡萄生产系统 Grape Production System and Grape-based Products, Iran	2018
40			伊朗戈纳巴德基于坎儿井灌溉藏红花种植系统 Qanat-based Saffron Farming System in Gonabad, Iran	2018
41	非洲（6 国、8 项）	阿尔及利亚（1 项）	阿尔及利亚埃尔韦德绿洲农业系统 Ghout System, Algeria	2005
42		突尼斯（1 项）	突尼斯加法萨绿洲农业系统 Gafsa Oases, Tunisia	2005
43		肯尼亚（1 项）	肯尼亚马赛草原游牧系统 Oldonyonokie/Olkeri Maasai Pastoralist Heritage Site, Kenya	2008
44		坦桑尼亚（2 项）	坦桑尼亚马赛草原游牧系统 Engaresero Maasai Pastoralist Heritage Area, Tanzania	2008
45			坦桑尼亚基哈巴农林复合系统 Shimbwe Juu Kihamba Agro-forestry Heritage Site, Tanzania	2008

（续）

序号	区域	国家	系统名称	FAO 批准年份
46	非洲（6 国、8 项）	摩洛哥（2 项）	摩洛哥阿特拉斯山脉绿洲农业系统 Oases System in Atlas Mountains, Morocco	2011
47			摩洛哥索阿卜－曼苏尔农林牧复合系统 Argan-based Agro-sylvo-pastoral System within the Area of Ait Souab-Ait and Mansour, Morocco	2018
48		埃及（1 项）	埃及锡瓦绿洲椰枣生产系统 Dates Production System in Siwa Oasis, Egypt	2016
49	欧洲（3 国、7 项）	西班牙（4 项）	西班牙拉阿哈基亚葡萄干生产系统 Malaga Raisin Production System in La Axarquía, Spain	2017
50			西班牙阿尼亚纳海盐生产系统 The Agricultural System of Valle Salado de Añana, Spain	2017
51			西班牙塞尼亚古橄榄树农业系统 The Agricultural System Ancient Olive Trees Territorio Sénia, Spain	2018
52			西班牙瓦伦西亚传统灌溉农业系统 Historical Irrigation System at Horta of Valencia, Spain	2019
53		意大利（2 项）	意大利阿西西－斯波莱托陡坡橄榄种植系统 Olive Groves of the Slopes between Assisi and Spoleto, Italy	2018
54			意大利索阿维传统葡萄园 Soave Traditional Vineyards, Italy	2018
55		葡萄牙（1 项）	葡萄牙巴罗佐农林牧复合系统 Barroso Agro-sylvo-pastoral System, Portugal	2018
56	美洲（4 国、4 项）	智利（1 项）	智利智鲁岛屿农业系统 Chiloé Agriculture, Chile	2005

（续）

序号	区域	国家	系统名称	FAO批准年份
57	美洲（4国、4项）	秘鲁（1项）	秘鲁安第斯高原农业系统 Andean Agriculture, Peru	2005
58		墨西哥（1项）	墨西哥传统架田农作系统 Chinampa Agricultural System of Mexico City, Mexico	2017
59		巴西（1项）	巴西米纳斯吉拉斯埃斯皮尼亚山南部传统农业系统 Traditional Agricultural System in the Southern Espinhaço Range, Minas Gerais, Brazil	2020

2. 中国重要农业文化遗产

我国有着悠久灿烂的农耕文化历史，劳动人民在长期的生产活动中创造了种类繁多、特色明显、经济与生态价值高度统一的重要农业文化遗产，至今依然具有重要的历史文化价值和现实意义。农业农村部于2012年开展中国重要农业文化遗产发掘与保护工作，旨在加强我国重要农业文化遗产价值的认识，促进遗产地生态保护、文化传承和经济发展。

中国重要农业文化遗产是指“人类与其所处环境长期协同发展中，创造并传承至今的独特的农业生产系统，这些系统具有丰富的农业生物多样性、传统知识与技术体系和独特的生态与文化景观等，对我国农业文化传承、农业可持续发展和农业功能拓展具有重要的科学价值和实践意义”。

截至2020年4月，全国共有5批118项传统农业系统被认定为中国重要农业文化遗产。

中国重要农业文化遗产（118项）

序号	省份	系统名称	批准年份
1	北京（2项）	北京平谷四座楼麻核桃生产系统	2015
2		北京京西稻作文化系统	2015
3	天津（2项）	天津滨海崔庄古冬枣园	2014
4		天津津南小站稻种植系统	2020
5	河北（5项）	河北宣化城市传统葡萄园	2013
6		河北宽城传统板栗栽培系统	2014
7		河北涉县旱作梯田系统	2014
8		河北迁西板栗复合栽培系统	2017
9		河北兴隆传统山楂栽培系统	2017
10	山西（1项）	山西稷山板枣生产系统	2017
11	内蒙古（4项）	内蒙古敖汉旱作农业系统	2013
12		内蒙古阿鲁科尔沁草原游牧系统	2014
13		内蒙古伊金霍洛农牧生产系统	2017
14		内蒙古乌拉特后旗戈壁红驼牧养系统	2020
15	辽宁（4项）	辽宁鞍山南果梨栽培系统	2013
16		辽宁宽甸柱参传统栽培体系	2013
17		辽宁桓仁京租稻栽培系统	2015
18		辽宁阜蒙旱作农业系统	2020
19	吉林（3项）	吉林延边苹果梨栽培系统	2015
20		吉林柳河山葡萄栽培系统	2017
21		吉林九台五官屯贡米栽培系统	2017
22	黑龙江（2项）	黑龙江抚远赫哲族鱼文化系统	2015
23		黑龙江宁安响水稻作文化系统	2015
24	江苏（6项）	江苏兴化垛田传统农业系统	2013
25		江苏泰兴银杏栽培系统	2015
26		江苏高邮湖泊湿地农业系统	2017
27		江苏无锡阳山水蜜桃栽培系统	2017
28		江苏吴中碧螺春茶果复合系统	2020
29		江苏宿豫丁嘴金针菜生产系统	2020

（续）

序号	省份	系统名称	批准年份
30	浙江（12项）	浙江青田稻鱼共生系统	2013
31		浙江绍兴会稽山古香榧群	2013
32		浙江杭州西湖龙井茶文化系统	2014
33		浙江湖州桑基鱼塘系统	2014
34		浙江庆元香菇文化系统	2014
35		浙江仙居杨梅栽培系统	2015
36		浙江云和梯田农业系统	2015
37		浙江德清淡水珍珠传统养殖与利用系统	2017
38		浙江宁波黄古林蔺草－水稻轮作系统	2020
39		浙江安吉竹文化系统	2020
40		浙江黄岩蜜橘筑墩栽培系统	2020
41		浙江开化山泉流水养鱼系统	2020
42	安徽（4项）	安徽寿县芍陂（安丰塘）及灌区农业系统	2015
43		安徽休宁山泉流水养鱼系统	2015
44		安徽铜陵白姜种植系统	2017
45		安徽黄山太平猴魁茶文化系统	2017
46	福建（4项）	福建福州茉莉花与茶文化系统	2013
47		福建尤溪联合梯田	2013
48		福建安溪铁观音茶文化系统	2014
49		福建福鼎白茶文化系统	2017
50	江西（6项）	江西万年稻作文化系统	2013
51		江西崇义客家梯田系统	2014
52		江西南丰蜜橘栽培系统	2017
53		江西广昌传统莲作文化系统	2017
54		江西泰和乌鸡林下养殖系统	2020
55		江西横峰葛栽培系统	2020
56	山东（5项）	山东夏津黄河故道古桑树群	2014
57		山东枣庄古枣林	2015
58		山东乐陵枣林复合系统	2015
59		山东章丘大葱栽培系统	2017
60		山东岱岳汶阳田农作系统	2020

（续）

序号	省份	系统名称	批准年份
61	河南（3 项）	河南灵宝川塬古枣林	2015
62		河南新安传统樱桃种植系统	2017
63		河南嵩县银杏文化系统	2020
64	湖北（2 项）	湖北羊楼洞砖茶文化系统	2014
65		湖北恩施玉露茶文化系统	2015
66	湖南（7 项）	湖南新化紫鹊界梯田	2013
67		湖南新晃侗藏红米种植系统	2014
68		湖南新田三味辣椒种植系统	2017
69		湖南花垣子腊贡米复合种养系统	2017
70		湖南安化黑茶文化系统	2020
71		湖南保靖黄金寨古茶园与茶文化系统	2020
72		湖南永顺油茶林农复合系统	2020
73	广东（3 项）	广东潮安凤凰单丛茶文化系统	2014
74		广东佛山基塘农业系统	2020
75		广东岭南荔枝种植系统（增城、东莞）	2020
76	广西（4 项）	广西龙胜龙脊梯田	2014
77		广西隆安壮族“那文化”稻作文化系统	2015
78		广西恭城月柿栽培系统	2017
79		广西横县茉莉花复合栽培系统	2020
80	海南（2 项）	海南海口羊山荔枝种植系统	2017
81		海南琼中山兰稻作文化系统	2017
82	重庆（3 项）	重庆石柱黄连生产系统	2017
83		重庆大足黑山羊传统养殖系统	2020
84		重庆万州红桔栽培系统	2020
85	四川（8 项）	四川江油辛夷花传统栽培体系	2014
86		四川苍溪雪梨栽培系统	2015
87		四川美姑苦荞栽培系统	2015
88		四川盐亭嫘祖蚕桑生产系统	2017
89		四川名山蒙顶山茶文化系统	2017
90		四川郫都林盘农耕文化系统	2020
91		四川宜宾竹文化系统	2020
92		四川石渠扎溪卡游牧系统	2020

（续）

序号	省份	系统名称	批准年份
93	贵州（4项）	贵州从江侗乡稻鱼鸭系统	2013
94		贵州花溪古茶树与茶文化系统	2015
95		贵州锦屏杉木传统种植与管理系统	2020
96		贵州安顺屯堡农业系统	2020
97	云南（7项）	云南红河哈尼稻作梯田系统	2013
98		云南普洱古茶园与茶文化系统	2013
99		云南漾濞核桃－作物复合系统	2013
100		云南广南八宝稻作生态系统	2014
101		云南剑川稻麦复种系统	2014
102		云南双江勐库古茶园与茶文化系统	2015
103		云南腾冲槟榔江水牛养殖系统	2017
104	陕西（4项）	陕西佳县古枣园	2013
105		陕西凤县大红袍花椒栽培系统	2017
106		陕西蓝田大杏种植系统	2017
107		陕西临潼石榴种植系统	2020
108	甘肃（4项）	甘肃迭部扎尕那农林牧复合系统	2013
109		甘肃皋兰什川古梨园	2013
110		甘肃岷县当归种植系统	2014
111		甘肃永登苦水玫瑰农作系统	2015
112	宁夏（3项）	宁夏灵武长枣种植系统	2014
113		宁夏中宁枸杞种植系统	2015
114		宁夏盐池滩羊养殖系统	2017
115	新疆（4项）	新疆吐鲁番坎儿井农业系统	2013
116		新疆哈密哈密瓜栽培与贡瓜文化系统	2014
117		新疆奇台旱作农业系统	2015
118		新疆伊犁察布查尔布哈农业系统	2017